Anton Buchholtz

Geschichte der Juden in Riga

bis zur Begründung der rigischen Hebräergemeinde im Jahr 1842

Anton Buchholtz

Geschichte der Juden in Riga
bis zur Begründung der rigischen Hebräergemeinde im Jahr 1842

ISBN/EAN: 9783742846105

Hergestellt in Europa, USA, Kanada, Australien, Japan

Cover: Foto ©ninafisch / pixelio.de

Manufactured and distributed by brebook publishing software
(www.brebook.com)

Anton Buchholtz

Geschichte der Juden in Riga

Geschichte

der Juden in Riga

bis zur Begründung

der Rigischen Hebräergemeinde

im J. 1842.

Von

Anton Buchholtz.

Herausgegeben von der Gesellschaft für Geschichte und Alterthumskunde der Ostseeprovinzen Russlands.

Geschichte

der Juden in Riga

bis zur Begründung

der Rigischen Hebräergemeinde

im J. 1842.

Von

Anton Buchholtz.

———

Herausgegeben von der Gesellschaft für Geschichte und Alterthumskunde der Ostseeprovinzen Russlands.

Riga

N. Kymmel

1899.

Inhalt

Anmerkung: Alle als Quellen angeführte Archivalien, bei denen kein Aufbewahrungsort angeführt ist, gehören zum Rigischen Stadtarchive. RP bedeutet: Protokoll des Rigischen Raths. Zu S. 4 ist als Quelle für die Geschichte der Juden in Litauen hinzuzufügen: Русско-еврейскій архивъ. Документы и матеріалы для исторіи евреевъ въ Россіи. Т. I и II: Документы и регесты къ исторіи Литовскихъ евреевъ (1388—1569). Собралъ и издалъ С. А. Бершадскій. С.-Петербургъ 1882.

1. Bis zum Ende der polnischen Zeit (1560—1621).

Die erste Erwähnung von Juden in livländischen Urkunden fällt meines Wissens erst ins Jahr 1560.[1] Als man im Oktober dieses Jahres mit König Sigismund August über die Aufnahme seiner Truppen in Livland zum Schutze gegen die heranziehenden Russen verhandelte, da wollte man ihm u. A. zumuthen, er möge sich verpflichten, seine Truppen mit genügender Zufuhr zu versehen, „doch also, dass zu solcher Nachfuhr das boshaftige jüdische Volk ganz ausgeschlossen sei.“[2] Und als Riga im September 1561 wegen der Unterwerfung unter Polen in Verhandlungen stand, da wurde u. A. der Wunsch geäussert, es möge vom Könige feste Kaution genommen werden, dass dieser Orten, wie in andern Ländern des Königs eingerissen, nicht die Juden eingestattet oder gelitten würden, damit sie nicht mit ihrem unchristlichen Wucher und Handel die Bürgerschaft beschmutzen oder beschädigen, Zölle und andere Beschwerungen einführen sollen.[3] Auch heisst es in einem seitens

---

[1] Durch das um 1350 erlassene Schreiben des Raths zu Lübeck an den Herzog Otto von Lüneburg (Livländisches Urkundenbuch Bd. 6 Nr. 3088) wird nicht die Anwesenheit von Juden in Kurland bezeugt, sondern es ist dort nur die Rede von zahlreichen Vergiftungen, die ein in Gotland hingerichteter Tidericus, auf Anstiften eines Juden Moses in Lübeck, auch in Hasenpot, Goldingen, Pilten und Windau an Christen verübt haben soll. Die hier berichteten Thatsachen sind recht unwahrscheinlich und fallen in eine Zeit, wo der Volksglaube den Juden die Schuld an den Verheerungen zuschob, die durch die Pest angerichtet wurden. — Ferner handelt ein Abschnitt der 1428 vom Rigischen Erzbischofe Henning erlassenen Kirchenstatuten (LUB Bd. 7 S. 487) auch über die Juden und Sarazenen, aber das geschieht in so allgemeinen Ausdrücken, dass man daraus nicht auf die Anwesenheit von Juden in Livland schlussfolgern kann.

[2] Bienemann, Briefe und Urkunden, Bd. 4 S. 123.

[3] Bienemann a. a. O. Bd. 5 S. 88.

1

der Stadt Riga vom königlich polnischen Fiskal in Danzig, Dr. Jacobus v. Barten, eingeholten Gutachten: man möge sich Kaution dafür verschaffen, dass den Juden und Andern aus fremden Reichen und Ländern, als Hochdeutschen, Holländern, Engländern und Lombarden, oder welcher Nation sie auch sein möchten, in der Stadt Riga keine Privilegien oder Freiheiten zugelassen werden mögen, weder zu hantiren oder zu kaufschlagen, noch zu wohnen ohne Willen und Wissen des Raths, wobei er zu bedenken gab, dass die Juden in Danzig nur drei Tage im Jahr während des Jahrmarkts die Freiheit hätten, zu kaufschlagen, wofür sie aber Geleit haben und für das Geleit einen ungerschen Gulden geben müssten. Wenn sie aber über die drei Tage lägen, müssten sie sich von neuem vergeleiten lassen.[1]

Diese Verhandlungen sprechen wohl dafür, dass den Juden um die Mitte des 16. Jahrh. der Aufenthalt in Livland nicht gestattet war. Auch hier, wie in vielen andern Ländern, wurden sie von allgemeinem Hass verfolgt, und einer tief eingewurzelten Abneigung ist es zuzuschreiben, wenn eine der Bestimmungen in dem zwischen dem Ordensmeister Gotthard Kettler und dem Könige Sigismund August von Polen am 28. November 1561 geschlossenen Unterwerfungsvertrage folgendermassen lautete:

„Den Juden aber gestatten wir nicht, im ganzen Livlande zu irgend einer Zeit irgendwelchen Handel zu treiben oder Abgaben und Zölle zu erheben."[2]

Ruben Joseph Wunderbar, ein ehemaliger Rabbiner in Mitau, von dem 1853 eine „Geschichte der Juden in den Provinzen Liv- und Kurland" im Drucke erschien,[3] kennt keine ältere Nachricht über die hiesigen Juden, als gerade diese. Er meint, dass, weil die Juden um die Mitte des 16. Jahrhunderts in den benachbarten Ländern des livländi-

---

[1] Bienemann a. a. O. Bd. 5 S. 115 und 122.

[2] Judaeis vero nulla per totam Livoniam commercia, vectigalia, teloniave ullo unquam tempore concedamus.

[3] Mitau 1853. Druck und Verlag von J. H. Hoffmann und A. Johannsohn. 80 S. 8⁰.

schen Ordensstaates bereits zahlreiche Gemeinden bildeten, sie auch um diese Zeit bereits zu einem häufigeren Verkehr mit Liv- und Kurland Veranlassung gefunden hätten. In diesen Ländern wären sie zwar nicht als konstituirte Gemeinden fest ansässig gewesen, wohl aber hätten sie sich hier und da aufgehalten und gewisse Gewerbe getrieben. Durch den Unterwerfungsvertrag von 1561 sei den Juden nicht ausdrücklich der Aufenthalt im ehemaligen Ordensstaate verboten, sondern es sei nur festgesetzt worden, dass sie keinen Handel treiben, auch nicht zur Verwaltung von Zoll und Accise zugelassen werden dürften. Diese Auslegung der betreffenden Urkundenstelle kann ja nicht so ohne Weiteres weggewiesen werden, es ist aber die Voraussetzung, dass sich Juden damals bereits, um 1561, in Livland aufgehalten hätten, nicht zwingend, es geht vielmehr aus den Eingangs angeführten Verhandlungen mit Evidenz hervor, dass man die Absicht hegte, den Juden auch den blossen, wenn auch nur vorübergehenden Aufenthalt zu verwehren. Aus dieser Absicht lässt sich aber wieder nur auf die Thatsache schliessen, dass man damals, vor der Unterwerfung unter Polen, die Juden überhaupt nicht im Lande duldete. Jene Vertragsbestimmung sollte wohl nur eine Schutzmassregel vor dem Eindrange der Juden sein, der muthmasslich durch die Unterwerfung unter das judenfreundliche Polen bevorstand.

Dass das alte Livland sich von den Juden noch freihalten konnte, mag nicht Wunder nehmen, wenn man daran erinnert wird, dass die westlich gelegenen Länder, die skandinavischen Staaten und das nördliche Deutschland, zu denen Livland in regen Handelsbeziehungen stand, noch im 16. Jahrh. fast ganz frei von Juden waren.[1] Auch das östlich an der oberen Düna belegene russische Handels-

---

[1] Nach Hamburg wanderten die Juden in grösserer Zahl erst in den ersten Jahren des 17. Jahrhunderts, für ihren Aufenthalt dort im letzten Drittel des 16. Jahrh. bestehen nur Muthmassungen. Vergl. die Arbeiten von Lappenberg und Reils in der Zeitschrift des Vereines für hamburgische Geschichte Bd. 1 S. 281—290, Bd. 2 S. 157—166, 357—424.

gebiet war damals von ihnen frei,[1] nur das näher belegene
Litauen war im 16. Jahrh. schon stark von Juden besetzt.
Diese Invasion begann muthmasslich erst als Folge des
nahen Zusammenhanges mit Polen, wo die Juden mindestens
seit dem Ende des 12. Jahrh. schon starken Einfluss gewonnen
hatten. Aus der Regierungszeit des Königs Mieszko III.
(1183—1202) liegen zahlreiche Münzen vor, auf denen der
Name des Königs und das Wort „Segen" in jüdischen
Schriftzügen zu sehen sind. Man erklärt das dadurch, dass
die Münze an Juden verpachtet war, und man muss zugeben,
dass sich ein stärkerer äusserer Ausdruck für die einflussreiche Stellung der Juden nicht wohl denken lässt. Aus
dem 13. Jahrh. liegen auch bereits polnische Judengesetze
vor, die für eine mehr, als blos geduldete Stellung der
Juden Zeugniss ablegen. Ein solches Gesetz wurde für
Litauen, das nächste Hintergebiet Rigas, wie es scheint,
erst 1388 erlassen.[2] Mögen also bereits im 14. Jahrhundert
in Litauen Juden gewohnt haben, so ist dennoch von ihren
Beziehungen zu Riga und Livland in so früher Zeit nichts
bekannt. Das Rigische Schuldbuch aus den Jahren 1286 bis
1352, das zahlreiche russische und litauische Namen aufweist,
überliefert uns keinen einzigen jüdischen Namen, und auch
die leider nur spärlich vorhandenen späteren Quellen für
die Rigische Handelsgeschichte wissen von Juden nichts
zu berichten.

Als Resultat dieser allgemeinen Erörterung mag verzeichnet werden, dass die Geschichte der Juden in Livland,
und insbesondere in Riga, nicht vor der zweiten Hälfte des
16. Jahrhunderts anhebt.

---

[1] Петръ Кеппенъ, Хронологическій указатель матеріаловъ для исторіи
инородцевъ Европейской Россіи, Санктпетербургъ 1861, S. 184—188. —
Регесты и надписи. Сводъ матеріаловъ для исторіи Евреевъ въ Россіи.
Выпускъ I и II (до 1600 г.). С.Петербургъ 1896—97. — Wenn auch der Aufenthalt von Juden in Nowgorod in den Jahren 1445 und 1471 nachgewiesen
ist (Регесты Nr. 188 und 191), so lässt sich ihre strenge Verfolgung in
Russland in späterer Zeit schon aus der einzigen Thatsache entnehmen,
dass Iwan Grosny alle Juden, die er 1563 in der von ihm eroberten Stadt
Polozk vorfand, in der Düna ertränken liess (Регесты Nr. 527—530).

[2] Регесты Nr. 182.

Als Riga sich 1581 dem Könige Stephan von Polen unterwarf, da scheint man es nicht für nöthig befunden zu haben, sich die Freiheit vom Eindrange der Juden ausdrücklich auszubedingen, denn es findet sich in dem der Stadt ertheilten umfangreichen Privileg nichts darüber. Man könnte das als Beweis dafür hinnehmen, dass zu jener Zeit sich noch keine Juden in Riga aufhielten. Das konnte auch, solange die Stadt sich selbst zu schützen vermochte, nicht geschehen. Die Gefahr des Eindranges entstand erst mit dem Momente der Unterwerfung unter Polen. Und dass diese Gefahr aufgetaucht war, dafür spricht der Umstand, dass aus der Regierungszeit des Königs Sigismund III. sich eine ganze Reihe von Aktenstücken erhalten hat, in denen es sich um die Fortschaffung der Juden und der mit ihnen häufig in einem Athemzuge genannten Schotten handelt, auch der Holländer, Engländer und anderer in ähnlicher Weise herumstreichender Händler.

In der Instruktion, die die Rigischen Abgesandten zum Landtage in Wenden am 15. Juli 1592 mitbekamen, wird ihnen vom Rathe aufgetragen, darauf zu sehen, „wie alter Freiheit, auch löblicher und nützlicher Gewohnheit nach, die Juden aus dem ganzen Lande zu halten" seien. Und in der Instruktion vom 14. März 1593 für die Abgesandten zum Wendenschen Landtage heisst es, sie mögen sich nach der „Gemüthsmeinung" des Bischofs von Wenden Otto Schenking und anderer vornehmer Leute hinsichtlich der Holländer, Schotten und Juden erkundigen und ihnen vorstellen, wie nachtheilig der Handel der Fremden und „Ausheimischen" nicht nur für die königlichen Zölle, sondern auch für die Landschaft selbst und für die Stadt Riga wäre, sowie dass Theurung und andere Ungelegenheiten dadurch verursacht seien. Auch in der bald darauf, am 20. April 1593, den Rigischen Abgesandten zum Reichstage in Warschau ertheilten Instruktion wird ihnen empfohlen, ein königliches Mandat zu erwirken, wodurch die Schotten, Juden und andere Landstreicher aus dem Lande und allenthalben abgeschafft würden, damit die Rigische Bürgerschaft

in ihrer Nahrung ein grösseres Aufnehmen finden möge.
Diese wiederholten Gesuche hatten zur Folge, dass König
Sigismund III. in seiner unterm 31. Mai 1593 erlassenen
Erläuterung und Ergänzung der der Stadt Riga vom Könige
Stephan und von ihm selbst bestätigten Privilegien u. A.
festsetzte:

„Wir wollen auch, dass unsere Stadt Riga wie bisher,
so auch forthin für alle folgenden Zeiten frei davon sei,
dass Juden sich dort aufhalten und wohnen, und immer in
dem Stande verbleibe, in dem sie sich bisher befunden hat,
sowie dass nichts daran geändert werde."[1]

Bemerkenswerth ist, dass, wie der Rath selbst 1592
von der „alten Freiheit" hinsichtlich des Aufenthalts der
Juden redet, nun auch dieses königliche Privileg ausdrücklich auf die damalige Rechtslage der Juden Bezug
nimmt, wonach es ihnen nicht gestattet gewesen war, sich
in Riga aufzuhalten oder dort zu wohnen. Da dieses
königliche Privileg aber die Frage nach der Berechtigung
der Juden, sich auf dem Lande aufzuhalten, unberührt liess,
so setzte die Stadt ihre Bemühungen, die Juden auch aus
dem Lande zu entfernen, weiter fort und trug am 21. Dezember 1594 ihren zum Wendenschen Landtage, auch den
nach Krakau zum Reichstage delegirten Abgesandten von
neuem auf, auf die Wegschaffung der Schotten und Juden
zu dringen. Diese anhaltenden Bemühungen waren endlich
von Erfolg begleitet. Der König erliess aus Krakau
unterm 4. April 1595 ein Mandat an die drei livländischen
Präsidenten in Dorpat, Wenden und Pernau, worin er unter
Hinweis auf die an ihn gerichtete Beschwerde der Einwohner Livlands, dass fremde Leute, besonders Schotten
und Juden, in Livland umherstreichen und verschiedenen

---

[1] Volumus etiam, ut quemadmodum hactenus fuit, ita deinceps quoque
perpetuis temporibus a Judeorum mansionibus et domiciliis civitas nostra
Rigensis libera sit, et in statu suo, quo hactenus fuit, semper permaneat,
nec quicquam de co immutetur. Sonntag in den Rig. Stadtblättern von 1823
S. 128 übersetzt die betreffende Stelle mit „bleibendem Aufenthalt und
häuslicher Ansässigkeit".

Handel zum schweren Nachtheil der Bewohner treiben, befahl, diese Umherstreicher, die keinen festen Wohnsitz hätten und keiner Stadt zugeschrieben wären, aus der Provinz zu entfernen und ihnen zu verbieten, sich in den Städten einzufinden und Handel zu treiben. Da jedoch dieses Mandat nicht von den erhofften Folgen begleitet war, so erhielt der zum Wendenschen Landtage delegirte Syndikus David Hilchen im Februar 1596 den Auftrag, vornehmlich mit Rath der Ritterschaft dahin zu wirken, dass die „betrüglichen Juden und Schotten, dadurch das ganze Land fast beschwert wird", abgeschafft würden, wobei es gestattet werden möge, „ihre betrüglichen Waaren" zu konfisziren, auch den kleinen Landstädten Wenden, Wolmar, Trikaten u. A. erlaubt sein möge, die Schotten und Juden anzuhalten und zu strafen. Endlich erwirkte die Stadt im Mai 1596 ein königliches Universalmandat an alle Beamte, Hauptleute und den Adel im Lande, dass sie mit den Schotten, Holländern, Juden und Andern keine Kaufmannschaft treiben sollen. Wenn dieses Mandat ausdrücklich auch an den Adel im Lande gerichtet war, so darf nicht vergessen werden, dass zu jener Zeit bereits viele polnische Adelige im Lande ansässig waren, die nach der Gepflogenheit ihrer Heimath nur ungern der Juden sich entschlagen mochten. Doch auch dieses Mandat wurde nicht erfüllt, weshalb schon wenige Monate darnach, am 25. Januar 1597, der Rigische Rath sich veranlasst sah, seinem zum Reichstage nach Warschau delegirten Syndikus Hilchen den Auftrag zu geben, er möge keinen Fleiss sparen, um königliche Mandate an die Ritter- und Landschaft auszubringen, damit die Schotten, Engländer, Niederländer und dergleichen ganz schädliche Vorkäufer aus dem Lande und aus den livländischen Städten gänzlich abgeschafft würden.

In Folge der darnach erlassenen ernsten königlichen Mandate erging während des Landtages in Wenden am 7. Januar 1598 eine Verordnung der königlichen Generalkommission in Livland, an deren Spitze der Bischof von Wenden Otto Schenking stand, worin befohlen wurde, dass

keine schottische und andere fremde Winkelkrämer, Juden
und Landstreicher, „die mit den Pudelkramen und sonsten
im Lande auf und nieder streichen“, durchaus nicht mehr
im ganzen Lande geduldet werden sollen, es wäre denn,
dass sie Pässe von den Städten Riga, Dorpat oder Pernau
besässen.[1]

Aber auch diese Verordnung scheint wenig gefruchtet
zu haben, wie daraus hervorgeht, dass dem an den königlich polnischen Hof nach Danzig abgesandten Syndikus
Hilchen bereits im Juni 1598 wiederholt eingeschärft werden
musste, spezielle Befehle an die Generalkommissare wegen
Abschaffung der Juden und Schotten vom Könige zu er-
bitten. Er erlangte auch ein vom Könige im Kloster Oliva
am 9. Juli 1598 an die Kommissare unterzeichnetes Mandat,
wobei Hilchen in seinem im August 1598 dem Rathe er-
statteten Berichte sich zwar in kurzer, aber für die Sachlage recht charakteristischer Weise ausdrückte, indem er
dem Rathe und der Gemeinde vorhält: „aus dem Kinder-
spiele mit den Holländern, Schotten und Juden muss ein
Ernst gemacht werden,“ denn fürwahr, alle die vielen
Mandate schienen nur in den Wind erlassen zu sein. Und
noch im November und Dezember 1598 wurden die Abgesandten mit neuen Instruktionen versehen,wie die Handlungs-
freiheit der Holländer, Schotten und Juden im ganzen Lande
zu hintertreiben wäre, was zur Folge hatte, dass die Generalkommissare unterm 26. März 1599 aus Wenden ein neues,
verschärftes Mandat an die livländischen Stände erliessen,
worin der gesammten Ritterschaft verboten wurde, die
Juden, Schotten und andere schädliche Leute zu beherbergen,
mit ihnen zu handeln und sie den Einheimischen und Bürgern
vorzuziehen, und zwar bei Strafe der Konfiskation der
Waaren und der Gelder, die durch den Verkauf von Waaren
an sie erlangt worden waren.

Ob nun dieser letzte Erlass im scheidenden Jahrhundert
von irgendwelchen Folgen begleitet gewesen ist, bleibt

---

[1] Abgedruckt als Beilage 1.

dahingestellt, denn während der gleich darnach beginnenden schweren Kriegs- und Hungerjahre hören wir nichts mehr von den Juden. Es lagen wichtigere Dinge an der Tagesordnung und die allgemeine Noth lenkte das Interesse von dieser Frage ab. Doch kaum waren die Zeiten etwas ruhiger geworden, so treten die Klagen über die Juden wieder hervor und es erweist sich, dass sie auch während der Kriegsjahre, und vielleicht in dieser Zeit gerade mehr als sonst, verstanden hatten, ihre Vortheile auszunutzen. Eine Instruktion, die der Rigische Rath seinen Abgesandten zum Reichstage nach Warschau unterm 15. September 1611 ertheilte, giebt darüber unzweideutigen Aufschluss. Da die Juden und Schotten, so schreibt der Rath, in diesem verwirrten Kriegswesen das Land durchstreichen und mit allerhand verfänglicher Vorkäuferei und betrüglicher Münzwechselung dem ganzen gemeinen Nutzen grossen Schaden zufügen, was nicht ein Jeder so bald vermerkt, und da nun leider im Lande keine Aufsicht geschieht, so sollen die Abgesandten ein königliches Mandat an die Obrigkeit im Lande auszubringen sich bemühen, dass alle solche Juden, Schotten und wie sie Namen haben möchten, aus dem Lande gewiesen und solche Vorkäuferei ernstlich gestraft werde. Ein Mandat blieb zwar nicht aus, es erging aus Warschau am 22. März 1612, es wurde aber nicht die allgemeine Ausweisung jener als schädlich empfundenen Elemente angeordnet, sondern aus dem Gesichtspunkte, dass sie in grossem Massstabe den königlichen Zoll defraudirten und der königlichen Kasse zum Nachtheile gereichten, ihre strenge Verfolgung befohlen, wobei nur nebenbei der Verletzung gedacht wurde, die die alten, aufrecht zu erhaltenden Privilegien der Städte durch deren Eindrang und Handel erlitten. Dass in Folge dieses Mandats die Juden in der That wegen Zolldefraudationen verfolgt wurden, dafür spricht eine vom Rathe 1615 geäusserte Befürchtung, es könnte sich Fürst Radziwil in Wilna wegen der in Riga in Haft gehaltenen Juden beklagen. Ihn alsdann zu beruhigen wurden · die

Rigischen Gesandten beauftragt, die Stadt hätte nichts mit ihnen direkt zu schaffen, sondern der Bischof von Wenden hätte sie als Zolldefraudatore und Friedensstörer aufgreifen und vor das Gericht der Stadt stellen lassen, wo sie abgeurtheilt worden wären.

Schon einige Jahre früher, 1611, hatte der Rigische Rath Verhandlungen mit dem Herzoge Christoph Radziwil wegen seiner aus Birsen stammenden Juden geführt. Der Herzog war dafür eingetreten, dass sie in Riga nicht das Geleitgeld, das einen ungarischen Gulden betrug, zu geben brauchten. Als nun im September 1611 einige Vertreter der Stadt zum Reichstage nach Warschau gesandt wurden, da wurden sie dahin instruirt, sie mögen „dem jungen Herrn,[1] der vielleicht von hitzigen Räthen angereizt würde, glimpflich zu Gemühte führen, dass von undenklichen Jahren ein Jude, wann er in die Stadt Riga kommt, einen ungarischen Gulden erlegen muss, damit er sicher und auf eine gewisse Zeit seinen Handel treiben möge, sonst ist die Stadt mit alten Freiheiten bewidmet, dass kein Jude Macht hat, hier zu handeln, ohne dass es sonsten ein gotteslästerliches, schädliches und betrügliches Volk ist, das in vielen Orten der Christenheit nicht gelitten oder mit gewissen Kennzeichen und Gesetzen abgesondert und umschränkt werde, wenn nun die Birsischen Juden Freiheit haben sollten, so würden alle Juden in ganz Litauen und Polen nur einen Namen haben und für Birsische Juden sich ausgeben, darum wollte sich Ihre fürstliche Gnaden gefallen lassen, dass die Stadt Riga über ihrer Freiheit halte."

Das letzte königliche Mandat, das wegen Abschaffung der Juden, Schotten, Holländer und Englischen erlassen wurde, stammt vom 10. Juni 1613, es liegt uns aber nicht im Wortlaute vor.[2]

---

[1] Prinz Christoph II. Radziwil war 1585 geboren und starb 1640, er besass in Gemeinschaft mit seinem älteren Bruder Janusz (geb. 1579, gest. 1620) Schloss Birsen, kämpfte 1609 gegen die Schweden vor Pernau, schlug 1615 die Schweden bei Mitau.

[2] Sämmtliche aus der Zeit von 1592—1615 hier angeführte Aktenstücke werden aufbewahrt im Rigischen Stadtarchive (sogenanntes äusseres

Man sollte nun, wenn man von den vielen Versuchen
der Stadt, die Juden aus dem Lande zu vertreiben, und
von den darauf gerichteten zahlreichen königlichen Mandaten hört, meinen, dass wenigstens die Stadt Riga, wenn
auch nicht das Land, während der polnischen Zeit sich noch
frei von Juden habe halten können. Das war aber offenbar
nicht der Fall gewesen. Schon die soeben berichtete Thatsache, dass von den Juden ein Geleitgeld erhoben wurde,
deutet darauf hin, dass man sie unter gewissen Bedingungen
dennoch in der Stadt, wenn auch nur zeitweilig, duldete.
Ausschlaggebend wird der eigene Vortheil gewesen sein.
Solange sie als gewandte Vermittler des Handels mit Litauen
und Polen dienten, mochte der Verkehr mit ihnen unent-
behrlich erscheinen, sobald aber ihre geschäftige Thätigkeit
darüber hinaus gehen und die bürgerliche Nahrung beein-
trächtigen wollte, wurde der Riegel der Stadtthore vorge-
schoben. So hatte die Stadt bereits am 21. Januar 1597
zu ihren Gunsten ein Kommissarialdekret zu erwirken gewusst, das sich auf das kleine, der Jurisdiktion der Krone
unterstellte, in unmittelbarer Nähe der Stadt gelegene
Schlossgebiet, die sogenannte Vorburg, bezog, einen Schlupf-
winkel, der den Rigischen Bürgern stets ein Gräuel im
Auge war, weil sich dort mancherlei Gewerbe und Handel
treibende Personen niederzulassen pflegten, die den städtischen Bürgern, insbesondere den Handwerkern, nicht un-
wesentliche Konkurrenz machten und die der Arm der
städtischen Gerichtsbarkeit nicht unmittelbar erreichen konnte.
Auch in diesem Gebiete sollten nach jenem Dekret von 1597
vagabundirende Leute und die ankommenden Juden, Schotten,
Holländer, sowie überseeische Leute ähnlicher Art nicht
zum Nachtheil der Bürger Brauerei und verschiedenerlei
Handwerk treiben dürfen.

Wären uns die Gerichtsakten der Stadt aus polnischer
Zeit noch vollständig überliefert, so würden sich wohl zahl-

Rathsarchiv), theils in der Abtheilung Aulico-Polonica, theils in der Abtheilung Landschaftssachen (Schrank V Fach 15) in den beiden Konvoluten:
Mandata wegen Schotten und Juden und Instructiones.

reiche Belege für die Anwesenheit von Juden in der Stadt
aus früher Zeit erbringen lassen, bei der Durchblätterung
des noch vorhandenen spärlichen Restes bin ich aber erst
in den Jahren 1595 bis 1597 auf die ersten Judennamen
gestossen, unter denen der des Aphraschus Rachmailowicz
(der Jude Affras) der erste ist. Er erscheint neben einigen
andern Juden vor dem Rigischen Burggrafengerichte wegen
eines Handels mit Asche und anderen Waldwaaren. Er
wird zu den bedeutendsten hierher handelnden Juden gehört
haben, denn seinetwegen erhielt sogar der am polnischen
Hofe akkreditirte Rigische Sekretair Gaunersdorf einmal
eine Instruktion. [1]

Fassen wir kurz die polnische Zeit zusammen, so müssen
wir konstatiren, dass sich zwar die Rechtslage der Juden
während dieser Zeit nicht geändert hatte, dass es aber, obwohl die Rechtslage stets von der königlichen Regierung
anerkannt und formell geschützt worden war, dennoch schwer
gewesen war, dem Rechte überall Geltung zu verschaffen. Die
thatsächlichen Verhältnisse schienen stärker, als das zu
Papier stehende Recht zu sein, und hätten die äusseren
politischen Verhältnisse nicht so überaus einschneidend
gewirkt, so würde in der Geschichte der Juden nicht von
dem Stillstande zu reden sein, der die nun folgende Periode
charakterisirt.

2. Die schwedische Zeit (1621—1710).

Dass Gustaf Adolf bei der Unterwerfung Rigas durch
das Privileg vom 25. September 1621 die während polnischer Zeit errungenen Vorrechte der Stadt ohne Weiteres
bestätigte, und zwar mit den Worten (§ 59) „und dass keine
Juden und Fremde im Lande den Bürgern zum Schaden
sollen gelitten werden," war selbstverständlich, denn das
streng protestantische Schweden litt keine Juden und hat
sich noch bis in sehr späte Zeit ganz frei von ihnen zu

---

[1] Protokoll des Rigischen Burggrafengerichts Bd. I Bl. 129, 140, 154,
155. — Instruktion an Sekretair Christoph Gaunersdorf vom 5. Oktober 1596
in den Aulico-Polonica.

halten gewusst. Nur die Bekehrung der Juden war den
Schweden Gewissenspflicht, und der Artikel des später, 1686,
erlassenen, auch auf Livland ausgedehnten schwedischen
Kirchenrechts, der dieser Pflicht einen strengen Ausdruck
giebt, lautete:

„Die Juden, Türken, Mohren und Heiden, welche anhero
ins Reich kommen, sollen in Unserer christlichen Lehre
unterrichtet und zur Taufe und zum Christenthumb befördert
werden; versäumen solches diejenigen, denen solche Vorsorge
oblieget, sollen dieselben dessfalls zur Rede gestellet werden."

So sind uns denn auch aus schwedischer Zeit einige
Fälle von bekehrten Juden bekannt, die aus Schweden
nach Livland mit besonderen Empfehlungen herkamen. Der
bekannteste unter ihnen war ein Karl Ulrich Fürst, der um
1690 mit einer Empfehlung der Königin an den Generalgouverneur in Riga eintraf.[1] Er erhielt das Amt eines Schloss-
vogts in Riga und die Aufsicht über das königliche Regal
der Perlenfischerei in Livland, und sein Sohn folgte ihm im
Amte zu Beginn der russischen Herrschaft.

Für die geringe Verbreitung der Juden in Livland zu
Anfang der schwedischen Herrschaft spricht eine Aeusserung
des jüdischen Arztes und Philosophen Joseph Salomo del
Medigo aus Kreta.[2] Auf seiner Reise nach Litauen zum
Fürsten Radziwil, bei dem er als Leibarzt engagirt war,
hielt er sich 1623 eine Zeitlang in Livland auf und schrieb
an einen gelehrten Freund in Troki, dass er sich zur Zeit
in Livland, in einem von allem geselligen Verkehr mit der
jüdisch-religiösen Bildung abgeschnittenen Lande befände.
Dagegen erzählte er von seinem Aufenthalt beim Fürsten
Radziwil in Litauen, dass er daselbst viele Juden, und
unter ihnen auch viele Gelehrte und Wissbegierige angetroffen habe.

Trotz der der Verbreitung der Juden feindlichen schwedischen Oberherrschaft haben sich aber dennoch stets Juden

---

[1] Seine Vornamen hatte er wohl vom königlichen Ehepaare Karl
und Ulrike erhalten.

[2] Wunderbar, Geschichte der Juden, S. 8.

ịn Riga während der ganzen schwedischen Zeit, wenn auch unter stetigem starkem Drucke, vorübergehend aufgehalten. Sie waren unvermeidliche Begleiter der handelnden polnischen Edel- und Kaufleute und kamen in der Regel im Frühjahr mit den Strusen herab, um zu verschwinden, sobald die Waaren verkauft waren. Im Interesse des Handels mit Litauen und Polen wurden sie zu vorübergehendem Aufenthalte geduldet, aber dann und wann mag auch Einer oder der Andere länger geblieben sein, als der Verkauf der mitgebrachten Waaren und der Ankauf von „Retourwaaren" es erforderte. Leider sind die Protokolle des Rigischen Raths, die über das Verhalten gegenüber den Juden während der polnischen Zeit und der beiden ersten Jahrzehnte der schwedischen Zeit Aufschluss hätten‹ geben können, zerstört, sie verbrannten 1674 im Rathhause, so dass uns erst von 1643 ab nähere Nachrichten zu Gebote stehen. Gleich die erste Nachricht, die wir den Protokollen entnehmen können, deutet darauf hin, dass die Anzahl der sich hier jeweilig aufhaltenden Juden nicht gering war. Im Januar 1645, also mitten im Winter zu einer Zeit, wo vom Strusenhandel nicht die Rede sein konnte, wurden 20 Juden deshalb angehalten, weil sie beschuldigt worden waren, kostbares Pelzwerk, Zobel und Marder, direkt von den Moskowitern gekauft zu haben, was gegen die Handelsgesetze verstiess, denn es durfte nur der Fremde etwas vom Bürger kaufen, und es war der Handel zwischen Fremden unter einander streng verboten. Sie wurden aber wieder freigelassen, weil mehrere Bürger bezeugten, dass sie, die Bürger, dieses Pelzwerk von den Moskowitern gekauft und hernach an die Juden wieder verkauft hatten.[1]

Das Bestreben, den Aufenthalt der unbeliebten Gäste möglichst abzukürzen und die Kontrole über ihren Aufenthalt zu erleichtern, führte zur Einrichtung von besonderen Judenherbergen. Die erste Andeutung dessen, dass es eine solche Herberge gab, stammt aus dem Jahre 1645, sie lautet recht lakonisch: Die Rosische (Frau Rose) wird wegen der

---

[1] Rl' vom 24. Januar 1645, Publica Bd. 1 S. 339.

Juden Beherbergung an die Landvögte verwiesen.[1] Einige
Verhandlungen, die 1662 stattgefunden hatten, geben uns
schon mehr Licht. Der Marktvogt Jürgen Lutter bittet um
Einräumung eines Platzes zu einer Judenherberge. Den
Platz, wo vorhin die Judenherberge gestanden hatte, konnte
er nicht erhalten, weil derselbe zu den neuen Befestigungswerken hinzugezogen worden war, es wurde ihm daher ein
anderer, vom Stadtingenieur Franziskus Murrer ausge-
mittelter Platz bei Tiedeckens Tränke angeboten, sollte ihm
der nicht passen, so gäbe es nur noch Plätze, die im Besitze
von Privatleuten wären.[2] Tiedeckens Tränke war eine
schon 1565 vorkommende Landungsstelle (Wensel würde
man sie heute nennen) bei der sogenannten Lastadie, dem
Platze an der Düna oberhalb der heutigen Karlsschleuse.

Es hatte also bereits vor 1662 eine Judenherberge
gegeben, doch ist uns eine Verordnung wegen der Judenherberge erst aus dem Jahre 1666 bekannt. Der erste Artikel der am 5. April 1666 erlassenen „Juden Hauses Or-
dinantze, wornach sich die alhie ankommenden Juden zu
richten und zu halten"[3] lautet:

„Es soll alter Gewohnheit nach kein Jude anderswo
alß auff der Lastadie in daß Ihme zur Herberge verordnete
Hauß einkehren, damit Er seine Waaren daselbsten richtig
angeben, und also aller Unterschleiff verhütet werden möge."

Der Wirth dieses Hauses war verpflichtet, gute Aufsicht über die Juden zu haben, insbesondere auch darauf
zu achten, dass die Juden die Nacht über im Hause verbleiben, und wenn er erfuhr, dass ein Jude Nachts in der
Stadt bleiben sollte, so sollte er das sofort dem worthabenden Bürgermeister anzeigen. Man wollte also ein
Judenghetto im strengen Sinne des Wortes schaffen. Die
für das Logis festgesetzte Taxe mag nicht hoch gewesen

---

[1] RP vom 5. März 1645, Publica Bd. 1 S. 353.
[2] Protokolle des Raths und der Camera vom 7. Februar, 29. Mai
und 2. Juni 1662, Publica Bd. 8 S. 220, Cameralia Bd. 2 S. 129, 132—133.
[3] RP vom 6. April 1666, Publica Bd. 11 S. 297, und Missivae ad
privatos Bd. 5 S. 31—32. Abgedruckt als Beilage 2.

sein, nur 10 Mark[1] wöchentlich für die Person, also etwa einen Thaler für den Monat. Das Standgeld für ein Pferd betrug ungefähr ebensoviel, 3 Groschen für jede Nacht. Das Judenhaus sollte aber zugleich auch als Lagerraum für den von den ankommenden Juden und Russen angeführten Brandwein dienen. Dort im Hause sollte der Brandwein zunächst gepegelt und dann erst von der Accise befreit werden, und der Wirth durfte die Abführung des Brandweins aus seinem Hofe nicht eher, als gegen Vorzeigung des Accisezettels gestatten. Wir können hieraus wohl schliessen, dass der Handel mit auswärtigem Brandwein hauptsächlich in den Händen der Juden lag, wie denn auch in späterer Zeit Juden als Brandweinbrenner vorkommen und in diesem Gewerbe in der Stadt Beschäftigung finden.

Die rigorose Bestimmung dieser Ordinanz, dass die Juden nur in einem ihnen eingeräumten Hause wohnen sollten, gab in der Folgezeit Anlass zu vielfachen Beschwerden. Die erste Beschwerde, die uns darüber vorliegt, datirt vom November 1667.[2] Drei Juden wenden sich an den Rath mit der Bitte, man möge ihnen doch den grossen Gefallen erweisen und ihnen, wie solches ihre Vorfahren gehabt, ein gutes Logament nahe bei der Stadt anweisen, damit sie ihre gute Bequemlichkeit geniessen mögen. In dem jetzt verordneten Logament müssten sie mit allerhand gemeinen Leuten zusammen in einer Stube logiren, sie würden dadurch oft in ihrem Handel verhindert und würden auch wegen ihrer Religion sehr geschimpft und gestört. Jetzt wäre gottlob Friede, sodass ihre Leute häufiger herkommen würden, man möge ihnen daher, wie es ihren Vätern und auch ihnen noch vor etwa 15 Jahren gestattet gewesen sei, erlauben, sowohl in der Stadt, als ausserhalb der Stadt zu logiren. Auch möge man sie nicht strafen, wenn sie sich, wie es bei den kurzen Wintertagen doch vorkommen könne, bei einem Bürger oder Kaufmanne ver-

---

[1] d. h. 10 Mark Schillinge. Siehe die Anmerkung auf S. 28.
[2] Suppliken 1665—1669 S. 1159—62, RP vom 27. November 1667, Publica Bd. 12 S. 439.

späteten und daher gezwungen wären, in der Stadt die Nacht über zu bleiben. Der Rath erklärte sich dazu bereit, den Juden entgegenzukommen. Er wollte dafür sorgen, dass die Herberge näher zur Stadt verlegt werde, auch dass sie eine „absonderliche Herberge und Gemach" erhielten, damit sie nicht von Andern gestört würden. In der Stadt aber zu logiren wurde ihnen nach wie vor verboten, wenn sie sich jedoch in der Stadt verspäten und die Thore darüber geschlossen würden, so wollte man, wenn das von ihrem Kaufmann bescheinigt würde, den Umständen gemäss Nachsicht üben. Ob nun in der That das Judenhaus verlegt und der Zustand wesentlich verbessert wurde, wissen wir nicht, wir wissen nur, dass die Beschwerden der Juden über ihr mangelhaftes Logis und über ihren Wirth von Zeit zu Zeit immer wieder laut wurden, so in den Jahren 1671 und 1678 über ihren Wirth Jürgen Greve, der sie schlecht behandle und ein liederliches Leben führe.[1] Eine Verlegung der Judenherberge fand wiederum 1685 statt, sie sollte abgebrochen werden, weil der Platz, wo sie lag, und dessen Umgebung zu den Befestigungswerken, dem Karlsravelin, nöthig war, das vor dem neu zu errichtenden Karlsthore gebaut werden sollte. Und 1689 fand eine Veränderung insofern statt,[2] als auf Bitte des Judenwirths Johann Lipke die Taxe etwas erhöht wurde. Der Wirth durfte während der kalten Jahreszeit, wo geheizt wurde, von Michaelis bis Ostern wöchentlich 15 Mark Schill. für die Person nehmen, während es bei 10 Mark für die übrige Zeit verblieb. Diese Zahlung sollte sich auch auf junge Juden, die über 18 Jahre alt sind oder ihre eigene Handtierung treiben, beziehen, Kinder waren mithin frei. Die Herberge wird aber nach wie vor recht dürftig eingerichtet gewesen sein, sonst hätte der Rath nicht auf die gleichzeitige Beschwerde der Juden an deren Wirth die Anweisung

---

[1] RP vom 20. Februar 1671 und 11. Oktober 1678, Cameralia Bd. 4 S. 333, Publica Bd. 22 S. 400.
[2] RP vom 10. Juni 1689, Publica Bd. 36 S. 179.

zu geben brauchen, dass er nicht über zwei Juden in eine
Kammer logiren und sich angelegen sein lassen möge, seine
Gäste mit Bequemlichkeit zu accommodiren.

Die bald darauf vom Judenwirthen Lipke vorgebrachte
Bitte,[1] dass alle Juden ohne Unterschied bei ihm logiren
mögen oder sich mit ihm abfinden müssen, entsprach zwar
der strengen Bestimmung der Ordinanz, wonach sie Nachts
über im Judenhause verbleiben sollten, mochte aber dem
bisher geduldeten Zustande nicht entsprechen, sodass der
Rath dem Judenwirthen sein Gesuch auszureden beschloss.
Diese Duldung bezog sich namentlich auf diejenigen Juden,
die mit Strusen und Flössen herabgekommen waren. Sie
waren daran gewöhnt, ihre Schlafstellen auf ihren Fahrzeugen so lange zu behalten, als das nur irgend möglich
war, und diese Gewohnheit wurde auch durch die 1690
erlassene, vom Könige bestätigte Wettordnung sanktionirt.
Die Juden, insbesondere die Mohilewschen, heisst es dort,
sollen nicht angehalten werden, des Nachts ausser ihren
Strusen in das Judenhaus sich zu begeben, sondern allezeit
gleich anderen Fremden bei ihren Waaren verbleiben
dürfen. Im Uebrigen wurde aber streng darauf gesehen,
dass die Juden nur in ihrer Herberge wohnten, und die
Anzeigen, die der Judenwirth darüber zu machen pflegte,
hatten jedes Mal die Einschärfung der bestehenden Verordnungen zur Folge, so namentlich im Jahre 1695, wo einige
Fälle zur Sprache kamen, dass Juden von Bürgern, und
sogar in der Stadt, aufgenommen worden waren.[2]

Während der sächsischen Belagerung in den Jahren
1700 und 1701 war mit der ganzen Vorstadt auch die Judenherberge verwüstet worden und es begann nun eine länger
als zwanzigjährige Periode, wo die Juden sich in dem glück-
lichen Zustande befanden, nicht in ihre Zwangsherberge
ziehen zu müssen. Es wurden jedoch andere Massregeln
getroffen, um den befürchteten Zollunterschleifen einen

---

[1] RP vom 11. Juli 1689, Publica Bd. 36 S. 226.
[2] RP vom 8. März und 25. Oktober 1695, Publica Bd. 45 S. 463
und Bd. 46 S. 427—28.

Riegel vorzuschieben. Den Gastwirthen auf der Lastadie wurde 1703 befohlen,[1] zu verhindern, dass die ankommenden Juden und Polen ihre Fuhren und Kasten früher öffneten, als nach stattgehabter Visitation durch die Portoriendiener, und als sich im Januar 1707 herausstellte,[2] dass die Juden, um der Visitation zu entgehen, nicht mehr sich auf der Lastadie einlogirten, sondern bei einem Wirthen über der Düna einkehrten, so wurde diesem Wirthen die Beherbergung von Juden streng untersagt und die Verordnung von 1703 erneuert. Das bald darauf gestellte Anerbieten eines Juden, eine Judenherberge zu errichten, wollte man ablehnen, weil man die Unterschleife fürchtete, die bei einem Wirthe jüdischer Nation vorkommen könnten.[3]

Wie wenig man im Allgemeinen Zutrauen zu den Juden hatte, das zeigte sich besonders während der Zeit, wo man mit den Vorbereitungen zu der im Spätherbste 1709 beginnenden Belagerung der Stadt beschäftigt war. Am 19. August 1709 ordnete der Vizegouverneur an, dass „wo Juden oder andere verdächtige Leute hier oder in der Vorstadt anzutreffen, möchte ihnen gerathen werden, beyzeiten davon zu gehen."[4] Und Mitte September ordnete das königl. Gouvernement an, dass man ein genaues Auge haben möge auf der häufig hierher kommenden Juden Wesen, Thun und Verkehren; kein Jude, wer er auch sein möge, solle in die Stadt gelassen, vielweniger dort übernachten dürfen. Nur ein „bekannter" Jude David Isaakowicz, der in einen schweren Prozess verwickelt war und für den zwei namhafte Kaufleute sich verbürgt hatten, sollte zwar in die Stadt kommen, nicht aber dort übernachten dürfen.[5] Endlich war bekannt geworden, dass die Juden die Albertsthaler

---

[1] RP vom 6. März 1703, Publica Bd. 56 S. 109—110.
[2] RP vom 9. und 11. Januar 1707, Publica Bd. 61 S. 94—95, 103—104.
[3] RP vom 4. März 1707, Publica Bd. 61 S. 230.
[4] RP vom 19. August 1709, Publica Bd. 64 S. 334.
[5] RP vom 10. und 13. September 1709, Publica Bd. 64 S. 437 und 448.

für sich gegen Schillinge einwechselten, sie gaben 3 Thaler Schillinge für einen Albertsthaler, dem sollte durchaus gesteuert, ihre Packen und Koffer sollten bei der Ankunft und Abreise fleissig durchsucht werden, damit sie nicht das beste Geld fortbrächten.[1]

Es ist bereits berichtet worden von getauften Juden, die aus Schweden nach Livland kamen, es erübrigt aber noch von einigen Fällen zu berichten, wo solche Taufen in Riga selbst stattfanden und wie man sich in der Stadt angelegen sein liess, den getauften Juden entgegenzukommen. Es sind mir nur drei Fälle von Judentaufen während der schwedischen Zeit vorgekommen.

Am 3. März 1703, an einem Dienstage, wurden zwei jüdische Knaben vom Superintendenten Lib. Depkin im Dom getauft. Sie standen im Alter von 16 und 12 Jahren und hiessen Isaak und Benjamin. Ihr Vater Jakob Meier hatte in Litauen gewohnt und seine Frau verlassen. In Mitau war sie unter dem Namen Friederike Elisabeth Christin geworden, dann hatte sie einen Christen, den Musiker Johann Melchior Engelhardt, geheirathet und war mit ihm nach Riga gezogen, wo er in die zweite Kompagnie der Musikanten aufgenommen wurde. Durch „wunderbare Schickung" waren auch die Knaben später hierher gelangt, wo man allen Fleiss darauf verwandt hatte, sie zu Christen zu bekehren. Vor der Taufe fragte das Konsistorium beim Rathe an, ob „einige solennia, wie an andern Ohrten gebrauchlich, vorgenommen", oder ob nur eine Bekanntmachung von der Kanzel am Sonntage vorher ergehen solle. Der Rath lehnte die besonderen Feierlichkeiten ab und liess es bei der blossen Bekanntmachung bewenden. Die beiden Knaben bekamen zur Taufe neue Kleider, für die aus den öffentlichen Kollektengeldern 22 Rthl. Alb. hergegeben wurden, und erhielten bei der Taufe die Namen Carl Gustav und Johann Paul nach dem Gouverneur Carl Gustav Frölich sowie nach dem Burggrafen Johann Dreyling und dem ältesten Bürgermeister Paul

---

[1] RP vom 8. September 1709, Publica Bd. 64 S. 423.

Brockhausen. Bei der Taufe waren ausser Vertretern des Raths und der beiden Gilden auch die höchsten schwedischen Autoritäten zugegen: der Generalfeldzeugmeister Baron Johann v. Siöblad, der Gouverneur Frölich, der Generalmajor Rembert v. Funcken, der Statthalter Michael v. Strokirch, ausserdem einige Damen aus dem Adel, dem Rathe und der Bürgerschaft. Nachträglich erfüllte der Rath die Bitte der Mutter und übergab die beiden Knaben dem Schulmeister der Jakobsschule, Peter Ravensberg, zum unentgeltlichen Unterricht.[1]

Ein anderer Fall im Dezember 1705 betrifft einen Diener des Obristlieutenants Plater, den 20jährigen, aus Litauen gebürtigen Mardochai Meier. Er war in der Religion vom Superintendenten Depkin und im Lesen und Schreiben vom Schulmeister Peter Ravensberg unterrichtet worden. Seine Taufe, die zunächst gleichfalls für einen Dienstag in Aussicht genommen war, wurde auf den zweiten Weihnachtsfeiertag, einen Tag, wo keine Kommunion stattfand, verschoben. Der Rathsherr Rigemann vertrat den Rath bei der Taufe und spendete Namens der Stadt ein Patengeld von 6 Rthl. Dem Täufling war jedoch nicht nur dasjenige versprochen worden, was von den Paten auf den Altar für ihn niedergelegt werden würde, sondern es wurde auch auf Fürsprache des Superintendenten zu seinem Besten während des Taufaktes ein Becken im Chor der Kirche ausgesetzt. Auch bei seiner Taufe, er erhielt die Namen Gerhard Johann, waren Vertreter der städtischen Stände, zahlreiche Damen aus der vornehmen Gesellschaft und viele hochgestellte Offiziere zugegen, u. A. der Gouverneur Frölich, der Generallieutenant Graf Adam Ludwig Loewenhaupt, Generalmajor Funcken u. s. w.[2]

Der letzte Fall im Januar 1708 betrifft einen achtzehnjährigen Juden, den aus Hamburg gebürtigen Samuel Jakob

---

[1] RP vom 27. Februar und 6. März 1703, Publica Bd. 56 S. 97. 104—105. Consistorialia Bd. 15 S. 249, 297—98. Taufbuch der Domkirche Bd. 2 Bl. 107ᵇ—108ᵃ.

[2] RP vom 13., 15. und 29. Dezember 1705, Publica Bd. 59 S. 423—24, 428—29, 467—68. Taufbuch der St. Petrikirche Bd. 2 Bl. 139ᵇ

Pohl, der das Barbierhandwerk erlernen wollte. Der Superintendent Depkin richtete an den Rath die Bitte, für ihn ein Kleid zur Taufe aus öffentlichen Mitteln anzuschaffen. Der Rath lehnte das jedoch ab, weil die Stadtkasse bei jetzigen Zeiten nicht beschwert werden dürfe, gestattete aber dem Juden „reichlich Gevattern zu bitten", damit er aus dem Patengelde das Kleid bezahlen könne. Die Taufe fand an einem Sonntage, den 26. Januar, statt, der Täufling erhielt die Namen Beatus Christianus und seine Paten gehörten zu der vornehmsten Gesellschaft: Frau Gouverneurin Gräfin Loewenhaupt, Gräfin Bonde, Präsident Graf Frölich u. s. w. Hinterher wurde vom Rathe noch auf Fürsprache des Superintendenten dem Amtsgerichte der Auftrag gegeben, das Amt der Barbiere dazu zu bewegen, dass es dem Getauften die ungefähr 6 Rthl. betragenden Lehrlings-Ein- und Ausschreibungsgelder erlassen möge.[1]

Die Fälle, wo bereits anderwärts getaufte Juden sich an den Rath um Unterstützung wandten, sind häufiger.

Im Februar 1683 hatte sich ein bekehrter Jude an den Oberpastor Breverus und an den Rath mit der Bitte um einen Kirchenstand, d. h. um Aufstellung von Becken an den Kirchenthüren zu seinem Besten, gewandt. Der Rath lehnte das jedoch ab und bewilligte ihm als Ersatz 5 Rthl. grob Geld aus dem Stadtkasten.[2]

Im November 1683 wandte sich ein konvertirter Jude Gustav Michael Renati — schon sein Name deutete die Taufe an — an den Rath und berief sich auf königliche „Vorschriften", die er vorlegte. Der Rath wollte auf Mittel und Wege bedacht sein, um sein Nahrungsgesuch zu befördern.[3]

Im Jahre 1695 meldete sich ein getaufter Jude Gotthard Christoff Sternau mit Empfehlungen des Pastors von Erwahlen. Er war aus Hamburg gebürtig und vor 11 Jahren von dort

---

[1] RP vom 7. und 31. Januar 1708, Publica Bd. 62 S. 143 und 178. Taufbuch der St. Petrikirche Bd. 2 Bl. 161b.

[2] RP vom 7. Februar 1683, Publica Bd. 27 S. 127.

[3] RP vom 21. November 1683, Publica Bd. 27 S. 618.

abgereist. Er hatte das Kürschnerhandwerk in Polen erlernt, vermochte aber nicht einen Lehrbrief aufzuweisen, weshalb man ihm Schwierigkeiten beim Amte machte. Er bat, ihn in seinem Unterhalte zu befördern und ihn im Lesen und Schreiben unterrichten zu lassen. Er bekam eine kleine Unterstützung von 3 Rthl. Schillingen, und einige Monate darauf finden wir, dass er auf Anordnung des Raths im Waisenhause Aufnahme gefunden hatte, um vom Waisenschulmeister im Lesen und Beten unterrichtet zu werden.[1]

Im August 1702 richtete ein vormaliger Jude Carl Josephi, der vor 30 Jahren zum Christenthum übergetreten war und Zeugnisse von verschiedenen berühmten Theologen darüber besass, dass er im christlichen Glauben verharrt war, an den Rath ein Gesuch um einen Zuschub, weil er durch Unglücksfälle das Seinige verloren hatte. Ihm wurde ausnahmsweise ein Kirchenstand in den drei Stadtkirchen bewilligt, der ungefähr 22 Thaler einbrachte.

Aus der schwedischen Zeit sind leider garkeine Nachrichten über die Zahl der hier jeweilig sich aufhaltenden Juden überliefert. Wir können nur im Allgemeinen annehmen, dass ihre Zahl, da sie in enger Verbindung mit dem polnisch-litauischen Handel standen, in günstigen Handelsjahren grösser, als in anderen Jahren war. Und da im vorletzten Jahre des 17. Jahrhunderts, kurz vor Ausbruch des nordischen Krieges, Rigas Handel während der schwedischen Zeit auf seinen Höhepunkt angelangt war, den die Stadt erst nach einem halben Jahrhundert wieder erreichte, so dürfte auch um diese Zeit die Zahl der Juden in Riga die grösste gewesen sein. Dass auch recht arme und dem Handel nicht dienliche Elemente auftraten, dafür giebt es mitunter Anzeichen, so z. B. wenn im Mai 1694 die Verordnung erging,[2] dass wohl den Bärenführern, die sich um diese Zeit gewöhnlich hier einfänden, nicht aber wegen der Trauer den mit dem Hackebrett umhergehenden Juden

---

[1] RP vom 18. Februar und 18. Dezember 1695, Cameralia Bd. 15 S. 536—38, Publica Bd. 46 S. 565.

[2] RP vom 2. Mai 1694, Publica Bd. 44 S. 267.

gestattet sein sollte, in den Wirthshäusern zu spielen. Ich habe mir von Dr. Wilh. Neumann sagen lassen, dass dieses Instrument, ein mit Saiten bezogenes Brett, auf dem mit Holzhämmern gespielt wird, noch heute unter den Juden in Dünaburg gebräuchlich ist. Die nicht grade klassische Redeweise: er hackt dem Cymbal, charakterisirt in drastischer Weise dies volksthümliche Musikinstrument.

3. Die erste russische Zeit bis zur Vertreibung der Juden aus Russland durch die Kaiserin Elisabeth 1742.

Dass trotz der im Herbst 1709 ergangenen Ausweisungsbefehle dennoch einige Juden in der Stadt verblieben waren und die Belagerung überlebt hatten, das kann mit einiger Wahrscheinlichkeit angenommen werden. Von einer Ausnahme, die den „bekannten" Juden David Isaakowicz betraf, haben wir bereits gehört. Gleich nach der Belagerung stossen wir auf eine zweite Ausnahme. Ein Jude (Naphtali) Hirsch Israel richtete am 12. September 1710, also noch zu einer Zeit, wo hier die Pest wüthete und den Zuzug fernhielt, an den Rath das Gesuch, man möge ihn nebst Frau und Kindern hier wohnen lassen, seine vielen ausstehenden Forderungen nöthigten ihn dazu und in seine Heimathsstadt Wilna könne er nicht zurückkehren, weil er dort von den Pfaffen wegen eines Prozesses verfolgt werde. Der Rath entschied dahin, dass, obzwar die jüdischen Religionsverwandten niemals hier zu einer beständigen Wohnung, sondern nur auf wenige Wochen in und bei der Stadt geduldet worden, dennoch mit Rücksicht auf die jetzigen unruhigen Zeiten dem Hirsch Israel nebst Frau und Kindern auf eine behagliche Zeit ihre Wohnung und Haushaltung zu vergönnen sei.[1] Diesem selben Juden ertheilte der Feldmarschall Menschikow[2] 1715 ein Patent darüber, dass er hier mit Weib und Kindern und aller unter sich habenden Hausfamilie wohnen dürfe,

---

[1] RP vom 12. September 1710, Publica Bd. 67 S. 23—25.
[2] Im Protokoll steht Scheremetew, es ist aber wohl Menschikow gemeint.

was mit Rücksicht darauf geschah, dass er damals Faktor des Zaren war.[1] Er mag ihm wohl, so denke ich mir, bei den grossen, zu den Schiffsbauten nöthigen Ankäufen von Eichenholz, das die Düna hinuntergeflösst werden sollte, gedient haben. Der alte Naphtali Hirsch war es auch, gegen dessen Kaution 1719 im September ein Glaubensgenosse aus dem Arreste entlassen wurde, um das zu Ende gehende hohe Fest feiern zu können.[2] Zum ersten Male hören wir bei dieser Gelegenheit von der Ausübung des jüdischen Religionskultus, sowie dass darauf, ein Zeichen milderer Denkungsart, von der Obrigkeit Rücksicht genommen wurde. Die allgemeine Rechtslage der Juden war durch die stattgehabte Veränderung in der Oberherrschaft nicht berührt worden. In der Kapitulationsurkunde vom Juli 1710 war zwar der Juden nicht speziell Erwähnung geschehen, da aber durch diese Urkunde alle früheren Privilegien, Rechte und Gewohnheiten bestätigt worden waren, so waren damit nicht nur die 1593 und 1621 erlassenen Privilegien, sondern auch die während schwedischer Zeit ergangenen Verordnungen des Raths, insbesondere die Judenhausordinanz, in ihrer Kraft und Geltung belassen worden. Wie bereits erwähnt, gab es seit Anfang des Jahrhunderts keine Judenherberge mehr. Den herkommenden Juden, und ihre Zahl mochte sich bei dem wieder auflebenden, vom Zaren nach Möglichkeit geförderten Handel von Jahr zu Jahr vermehrt haben, war es überlassen, sich selbst nach eigenem Belieben ihre Wohnung zu nehmen und sich ihre Haushaltung einzurichten. Dieser Zustand dauerte aber nicht gar zu lang. Die Bürgerschaft grosser Gilde war es, die den Anstoss dazu gab, dass die alten harten Einrichtungen wieder aufgerichtet wurden. Sie beschwerte sich 1722 darüber,[3] dass die eingenistelten Juden fast bürgerliche Nahrung mit Brand-

---

wein und Anderem trieben, und bat, sie wegzuschaffen, denn, wie man gehört hätte, stünde zu erwarten, dass ganze Familien aus Hamburg sich hier niederlassen wollten. Während wir nun in der schwedischen Zeit von einem Zuzuge von Juden aus dem Westen nichts zu hören bekommen hatten, gestaltet sich dies zu russischer Zeit anders. Schon 1718 hatte der Rath einem deutschen Juden, der in Hamburg geheirathet und um die Freiheit gebeten hatte, sich hier niederlassen zu dürfen, diese Bitte rundweg abgeschlagen, obwohl er sich erboten hatte, dafür 50 Rthl. zu geben.[1] Und einige Zeit darauf hören wir von Juden, die aus Holland herübergekommen sind, der Zuzug aus dem Osten, aus Litauen, blieb jedoch nach wie vor immer am stärksten. Um sich der Judenschaft zu erwehren, wünschte die Bürgerschaft, dass „das Judengeschmeiss aus der Stadt verlegt" und dass ihnen ihr Quartier wieder in der Vorstadt angewiesen werde.

Auch beschwerte sich im Jahre darauf, 1723, das Fleischeramt über die Juden:[2] Sonst wäre es Brauch gewesen, dass die Juden, die wegen ihrer Religionsgesetze ihr Fleisch nicht von den Fleischern kaufen und, wenn sie selbst schlachteten, die Hintertheile des Viehs nicht essen dürften, — bei den Fleischern ein Stück Vieh besehen und darnach gekauft und selbst durch ihre Schulmeister hätten schlachten lassen. Das Vordertheil hätten sie alsdann zu sich genommen, das Uebrige aber den Fleischern zum Weiterverkauf gelassen. Jetzt aber thäten sie das nicht mehr, wodurch das Fleischeramt sehr zu leiden käme. Das Amt bat daher um die Erlaubniss, bei den Juden Böhnhasen jagen zu dürfen. Was darauf entschieden wurde, habe ich nicht ermitteln können. Jedenfalls war nicht nur bei der grossen, sondern auch bei der kleinen Gilde der alte Hass gegen die Juden, bei beiden wesentlich eine Frage der Nahrung und des gestörten Erwerbes, entbrannt.

---

[1] RP vom 14. Mai 1718, Publica Bd. 73 S. 459.
[2] RP vom 26. September 1723, Publica Bd. 86 S. 283—84.

Die angeregte Fortschaffung der Juden oder Beschränkung ihres Gewerbes und ihrer Verbreitung wurde nun
vom Rathe, wenn auch langsam, so doch stetig betrieben.
Es sollte das alte Judenhaus, von jetzt ab immer nur Judenherberge genannt, wieder aufgerichtet werden und es wurde
daher das Landvogteigericht, in dessen Bezirke das frühere
Judenhaus gelegen und das ja neben dem Gericht auch die
Polizei in seinem Bezirke auszuüben hatte, beauftragt, zu
berichten, was es damit für eine Beschaffenheit gehabt und
ob jemand eine solche Herberge in der Vorstadt würde
übernehmen wollen. Es erwies sich, dass die Stelle, wo
vormals das Judenhaus gestanden hatte, inzwischen zu dem-
jenigen Platze hinzugezogen worden war, auf dem in Folge
eines Befehls des Kaisers eine Schiffswerft eingerichtet
werden sollte.[1] Doch fanden sich zwei Personen, die be-
haupteten, dass sich auf sie das der Familie Rose zuständig
gewesene Privileg, eine Judenherberge halten zu dürfen,[2]
vererbt hatte. Sie begannen einen Prozess darüber zu
führen, der nach halbjähriger Dauer etwas kurz zu Gunsten
des Einen, Cornelius Werner, entschieden wurde. Doch er
war nicht im Stande, ein Haus, wie es erfordert wurde,
zu bauen, sodass einem Andern, dem Bürger Cord Schroeder,
endlich am 18. Mai 1724 ein neues Privileg vom Rathe
ertheilt wurde. Er sollte auf seine Kosten eine Judenherberge bauen und dagegen die Wirthschaft für sich und
seine Erben 50 Jahre lang geniessen. Er erhielt zwar Freiheit von der Einquartierung, sollte jedoch das jährliche
Grundgeld für den Platz und eine kleine jährliche Rekognition für das Privileg an den Stadtkasten zahlen, und zwar
nach fünf Freijahren erst im 6. Jahre 5 Rthl. Alb., im
7. Jahre 6 Rthl. und so fort je 1 Rthl. mehr, vom 11. Jahre
ab bis zum 50. Jahre je 10 Rthl. Alb. Im November 1724
war das Haus fertig und der Rath erliess eine öffentliche
Aufforderung und Weisung an alle Juden, dieses Haus
binnen 4 Wochen zu beziehen. Der Besitzer des Privilegs

---

[1] RP vom 16. Juli 1725, Publica Bd. 90 S. 275—77.
[2] Ueber dieses Privileg hat nichts ermittelt werden können.

setzte von sich aus einen Wirthen, Carl Hermann Vieting, in dieses Haus mit Bestätigung des Raths ein, und der Rath erliess am 18. November 1724 eine neue Ordonnanz und Taxe, die im wesentlichen mit der von 1666, insbesondere auch darin übereinstimmte, dass die Judenherberge als Brandweinniederlage dienen sollte, nur war die Taxe erhöht worden. Jede Person sollte wöchentlich nicht mehr 10 Mark Schillinge, sondern 10 Mark gut Geld oder 2 Gulden Alberts zahlen, und das Standgeld für ein Pferd wurde auf 2 Ferdinge[1] für die Nacht erhöht. Sollte Jemand länger als 3—4

[1] Der Unterschied zwischen 10 Mark Schillingen, die nach der Ordinanz von 1666 (S. 16) zu zahlen waren, und 10 Mark gut Geld war recht bedeutend. 10 Mark gut Geld oder Alberts waren gleich $2/3$ Albertsthalern, 10 Mark Schillinge oder Fünfergeld gleich ein Viertel Thaler Fünfergeld, d. i. kaum $1/4$ Albertsthaler.

Ueber die hier in den Rechnungen und im Verkehr gebräuchlichen Geldsorten lassen sich folgende Tabellen aufstellen:
Albertsgeld (gut Geld): 1 Rthl. = 3 Gulden = 15 Mark = 90 Groschen.

1 „ = 5 „ = 30 „

1 „ = 6 „

Fünfergeld: 1 Rthl. = 16 Fünfer = 40 Mark = 80 Ferdinge.

1 „ = $2^1/2$ „ = 5 „

1 „ = 2 „

Ausser den ganzen Albertsthalern gab es im Verkehr noch halbe und viertel Albertsthaler. Der Viertelthaler wurde Ort, Plural Oerter, genannt. Als Gulden ($1/3$ Thaler) hatten früher die polnischen 30-Groschenstücke gegolten. Gulden, Marken und Groschen Alberts wurden im 18. Jahrh. allmälig zu blossen Rechnungsmünzen, wirkliche, ihnen entsprechende Münzsorten kamen kaum noch im Verkehr vor.

Fünfergeld galt einige Prozente weniger als Albertsgeld. Als Fünfer kursirten die deutschen Zweigroschenstücke ($1/12$ Thaler) oder schwedischen Fünförstücke, als Ferdinge meist schwedische Einörstücke. Ausserdem kursirten hier im 18. Jahrh. noch viele geringe ausländische Münzsorten, namentlich polnische und schwedische Dreipölcher ($1/24$ Thaler) aus dem 17. Jahrh., die als Mark (Schillinge oder Fünfergeld) in Zahlung genommen wurden. Die zu schwedischer Zeit in übergrosser Zahl ausgeprägten geringwerthigen Schillinge, von denen 270 auf den Reichsthaler gingen, waren bereits ganz aus dem Verkehr verschwunden. Es blieb nur die an sie erinnernde Bezeichnung Mark Schillinge noch einige Zeit im Gebrauch. Die Bezeichnungen Fünfer für $7^1/2$ Kop. S., Ferdinge für $1^1/2$ Kop. S. (die alten 5-Kopeken Kupferstücke) und Mark für 3 Kop. S. (die alten 10-Kopeken Kupferstücke) sind noch jetzt nicht ganz, namentlich bei dem einfachen Volk auf den Märkten, verschwunden, obwohl bereits 1815 das Verbot des Kursirens ausländischer Münze erging.

Wochen hier bleiben, sowie wenn er Weib und Kinder bei
sich hatte oder Holz und Licht vom Wirthe nahm, so sollte
der Wirth gezwungen sein, eine billige und leidliche Abmachung zu treffen.[1]
Der Einzug der Juden in die neue Herberge ging nicht
ohne polizeiliche Zwangsmassregeln ab. Man kann es
ihnen nachfühlen, dass sie sich nur widerwillig dazu bereit
fanden, in das umzäunte Ghetto zu ziehen. So versuchte
es denn auch Sundel Hirsch, der Sohn des alten, inzwischen
verstorbenen Naphthali Hirsch Israel, sich dem zu entziehen,
jedoch er berief sich vergeblich auf die seinem Vater
ertheilten Freiheiten und darauf, dass er noch in Wilna
andere Protektions- und Freiheitsbriefe liegen habe. Der
Rath gab nicht nach, was seinem Vater vergönnt worden,
käme ihm nicht ohne Weiteres zu Statten.[2]
Auch ging im Juni 1725 eine Supplik von allen aus
Polnisch-Russland hier handelnden Juden ein,[3] worin sie
baten, dass, falls sie ja nicht in der Stadt liegen sollten,
man sie doch mit einer näheren, bequemeren und sicheren
Herberge versehen sollte, damit sie ihrer Noth enthoben
seien. Sie wurden jedoch damit unter Hinweis darauf abgewiesen, dass die jetzige Herberge nicht weit von der
früheren gelegen wäre.
Eine gegen früher verschärfte Anordnung erging noch
im selben Jahre in Folge eines Gesuchs des Herbergs-
besitzers Cord Schroeder. Er bat darum, dass alle mit
Strusen und Flössen ankommende Juden gezwungen würden,
in die Herberge einzukehren und dass sie, wenn sie auf
den Strusen blieben, dennoch verpflichtet würden, ihm nach

---

[1] Protokolle des Landvogteigerichts vom 15. November 1722 u. s. w.,
Bd. 68 S. 435, 447, 461, 469, vom 4. und 14. Febr. 1724, Bd. 69 S. 106—108,
193—97. — RP vom 17. April, 18. Mai und 6. November u. s. w. 1724,
Publica Bd. 87 S. 486, Bd. 88 S. 63—65, Bd. 89 S. 100, 126, 128, 164—66,
170. — Die Ordonnanz im Protokoll des Landvogteigerichts Bd. 69 S.
194—96, ist abgedruckt als Beilage 3.
[2] RP vom 22. Januar 1725, Publica Bd. 89 S. 239—41.
[3] RP vom 23. Juni und 26. Juli 1725, Publica Bd. 90 S. 213,
275—77.

der ordnungsmässigen Taxe zu zahlen. Zugleich stellte
Schroeder das Erbieten, nur 1 Gulden Alberts wöchentlich,
also die Hälfte der Taxe, erheben zu wollen. Der Rath
ging auf dieses Gesuch zum Theil ein und ordnete an, dass
diejenigen Juden, die auf den Strusen oder Flössen bei
ihren Waaren bleiben wollten, zwar daran nicht verhindert
werden sollten, dennoch aber verpflichtet seien, zur Verbesserung und Erweiterung der Herberge wöchentlich einen
halben Gulden Alberts an den Judenwirth zu entrichten. [1]
Wenige Jahre darauf wurde aber diese Verordnung wieder
eingeschränkt: diejenigen, für die kein Raum in der Herberge vorhanden sein sollte, sollen vom Quartiergelde befreit
werden, und nur diejenigen, die sich nicht beim Judenwirthen wegen eines Logis gemeldet hatten und auf ihren
Strusen verblieben waren, sollten das Quartiergeld erlegen. [2]
  Glücklicher, als diese Masse, die, mochte sie in der
Herberge wohnen oder nicht, dem Judenwirthen tribut-
pflichtig sein sollte, war ein einzelner Mann, der hamburgsche
Jude Isaac Marcus Salomon, er sass schon in der Herberge
und bat um die Genehmigung, ausziehen und für sich und
die Seinigen, da er sich beständig hier aufhalten wolle, ein
Haus, wo nicht in der Stadt, so doch in der Vorstadt nahe
der Stadt miethen zu dürfen. Ihm wurde im Juli 1725 aus
besonderen, nicht namhaft gemachten Gründen gestattet,
„gastweise" ausserhalb der Judenherberge in der Vorstadt
wohnen zu dürfen. [3] Doch die Gründe klären sich später
auf. Er war ein Goldschmied und Juwelenhändler und
genoss die Protektion des kaiserlichen Schwiegersohnes,
des Herzogs von Holstein, sowie die des Reichsvizekanzlers
Baron Ostermann. Da waren denn die späteren Bemühungen
des Goldschmiedeamts, ihn aus Riga zu entfernen, weil er
sich hier zu ihrem grössten Nachtheile aufhielte, vergeblich.
Er reichte im Mai 1728 beim Reichskollegium der auswär-

---

[1] RP vom 19. November und 15. Dezember 1725, Publica Bd. 91
S. 161, 224—25.
[2] RP vom 16. Mai 1729, Publica Bd. 97 S. 326—27.
[3] RP vom 28. Juni und 7. Juli 1725, Publica Bd. 90 S. 221, 238—39.

tigen Angelegenheiten ein Gesuch ein,[1] worin er Folgendes
ausführt: Schon zu schwedischer Zeit hätten die Juden in
Riga die Freiheit gehabt, den Juwelenhandel mit Fremden
so gut, als mit Einheimischen zu treiben, auch zu russischer
Zeit sei es ihnen gestattet gewesen, solchen Handel in Riga
und in den russischen Städten zu treiben. Diese Freiheit
hätten bereits sein Grossvater und Vater in Riga eine lange
Zeit genossen, und er selbst wohne bereits 11 Jahre in Riga
und hätte sich dieser Gnade bisher ungestört erfreut. In
diesem Jahre aber wolle nicht nur das Goldschmiedeamt
in Riga, sondern auch das in Reval ihm diese Freiheit
hindern, er bäte daher, ihm den freien Juwelenhandel nach
wie vor zu gönnen.

Ueber den Inhalt dieser Beschwerde erhielt der Rath
die erste Nachricht von seinem am Hofe in Moskau weilenden Deputirten, dem Rathsherrn Melchior Caspari.[2] Der
damals die mächtige Stellung eines Oberhofmeisters des
jungen Kaisers Peters II. bekleidende Baron Ostermann
hatte Caspari darüber Mittheilung gemacht und sich in folgender, für die handelspolitischen Grundsätze jener Zeit
recht charakteristischer Weise geäussert:

Man sollte doch bedenken, dass von allen Rigischen
Goldschmieden zusammen noch niemals soviel Zoll für
Juwelen eingekommen sei, als in einem Jahre von diesem
Juden. Wenn auch die Goldschmiede fähig wären, was
doch nicht sein könnte, den Bürgern und dem Adel die
nöthigen Juwelen zu einem mässigen Preise zu liefern, so
würden sie doch selbige auf eine solche Art einzuschleichen
wissen, dass weder der Kaiser noch die Stadt an ihren
Zöllen einen Nutzen davon hätte. In allen Handelsstädten
hätte das Amt der Goldschmiede nichts mit den Juwelen
zu thun. Zu unterscheiden wäre, dass ein Juwelier mit
Juwelen handle, die Goldschmiede aber dieselben nur ver-
setzen, worin ihnen Niemand, auch die Judenschaft, irgend-

---

[1] Beilage zum Briefe des Rathsherrn M. Caspari an den Rath vom
13. Mai 1728 in dessen Briefsammlung Nr. 103.
[2] Brief von Caspari vom 13. Mai 1728 Nr. 103.

welchen Eindrang thun müsste. Schreibet deshalb, so schloss
Ostermann seine Unterhaltung, damit man nicht nöthig
habe, eine Resolution zu ertheilen, „die vielleicht nicht anständig seyn würde".

Da die angedrohte Resolution sich nicht hat ermitteln
lassen, so wird der Rath wohl versucht hahen, das Goldschmiedeamt, das sich namentlich über den Aufkauf des
Silbers durch die Juden beschwerte, zu beruhigen,[1] was aber
so leicht nicht gelingen mochte, denn noch 1729 bringt die
gesammte Bürgerschaft die Bitte vor, besonders dem Hamburgschen Juden Marcus Salomon den Verbleib zu untersagen, was jedoch unter Hinweis darauf abgelehnt wird,
dass ein expresser Befehl des Reichsvizekanzlers vorläge.[2]
Und wenn 1731 das Amt der Goldschmiede darum nach-
sucht, die Juden mit bewaffneter Hand aus der Stadt zu
treiben,[3] so wird diese Bitte wohl in erster Reihe gegen
diesen Hauptkonkurrenten gerichtet gewesen sein.

Ich habe mich etwas länger bei der Geschichte dieses
einen Juden aufgehalten, weil er ein treffliches Beispiel
dafür bietet, wie weit doch der mit nicht mehr zu ergrün-
denden Mitteln erreichte Einfluss einzelner Juden bis in die
höchsten Schichten ging. Der grossen Menge kam das
nun zwar nicht zu Gute, mit ihr wurden kürzere Sprünge
gemacht und die Akten sind erfüllt von den Gesuchen
beider Theile: der Bürgerschaft, die die Juden entfernt
wissen will, und der Judenschaft, die alle Mittel anwendet,
um ihre Entfernung zu verhindern.

Verschlimmert wurde die Lage der hiesigen Juden noch
dadurch, dass am 26. April 1727 ein allgemeines Reichsgesetz erging,[4] wonach alle Juden, die sich in der Ukraine
oder sonst in russischen Städten befinden, über die Grenze
verwiesen und unter keinem Vorwande nach Russland
gelassen werden sollten. In Folge dessen hatte der liv-

---

1 Der Rath an Caspari vom 29. Mai 1728.
2 RP vom 15. August 1729, Publica Bd. 97 S. 501—2.
3 RP vom 21. Mai 1731, Publica Bd. 100 S. 363.
4 Полное собрание законовъ VII, 5063.

ländische Gouverneur u. A. auch an drei Juden, die bereits
früher erwähnten Isaak Markus Salomon aus Hamburg und
Sundel Hirsch aus Wilna, sowie an Salomon Samson aus Holland, die Weisung ertheilen lassen, sich in wenigen Tagen aus
Riga fortzubegeben. Diese drei Juden hatten sich mit einer
Supplik an das Reichskollegium der auswärtigen Angelegenheiten gewandt und zugleich einflussreiche Persönlich-
keiten für sich gewonnen. Für den Hamburgschen Juden
Salomon interessirte sich, wie es heisst, „der römische Kaiser",
die Republik von Holland war für ihren Unterthan Samson
eingetreten und Sundel Hirsch hatte in St. Petersburg mächtige Fürsprecher gefunden. Der Reichsvizekanzler Ostermann war gleichfalls den Bittstellern geneigt und hatte sich
gegenüber dem Stadtdeputirten Caspari dahin geäussert,[1]
dass dieses allgemeine Reichsgesetz in Riga wegen des
Handels mit Polen wohl nicht angebracht wäre, auch wäre
es ja gegen die alte, hier herrschende Usance, ein allgemeines Reichsgesetz, das auf die Verhältnisse nicht passe,
ohne eine Vorstellung an das Gouvernement entgegenzu-
nehmen, man sollte ihm daher eine Abschrift von der ver-
muthlich ausgehenden Deduktion übergeben, damit er die
Sache redressiren könne.

Ostermann wollte, wie es schien, nicht nur den hiesigen
Juden, sondern auch den Wünschen der Stadt Riga ent-
gegenkommen, er hatte sich aber in der Annahme, — oder
war sie blos fingirt? — hierdurch etwas Angenehmes der
Stadt zu bereiten, stark geirrt. Der Rath wies in seiner
Antwort[2] auf das Privileg des Königs Gustaf Adolf, wonach
„keine Juden im Lande den Bürgern zum Schaden sollen
gelitten werden", sowie darauf hin, dass die Bürgerschaft
noch jüngst die Abschaffung der Juden dringend verlangt
habe. Er sprach die Erwartung aus, dass der Kaiser ge-
ruhen werde, die Stadt vor der so gefährlichen, als schädlichen Einnistelung der Juden zu schützen, die nach ihrer

---

[1] Brief von Caspari an den Rath vom 1. Juli 1727.

[2] Schreiben des Raths an Caspari vom 15. November 1727, Aulica
Bd. 34 S. 339—43.

bekannten Unart unter allerhand Ränken und Praktiken um sich greifen, insgemein aber Diebshehler und Spione sind. Es ist weltkundig, dass diese Leute durch ihre bekannte Gewinnsucht einer bürgerlichen Societät und Handlung vielen Abbruch und Eindrang zufügen und deswegen auch an vielen anderen Orten, so in Danzig und Lübeck, in der Stadt zu hausen und freien Handel zu treiben, nicht gelitten werden. Weil aber die Polen zuweilen bei den mit Strusen herabkommenden Waaren einige Juden als Faktore und Expeditore absenden, so ist solchen Juden während der Zeit, wo der Strusenhandel im Gange ist, wie auch andern ausser dieser Zeit, erlaubt, ihren Aufenthalt in der Vorstadt in der dazu erbauten Judenherberge zu nehmen, doch steht es ihnen nur frei, dort sich eine behagliche Zeit, nicht aber von Jahr zu Jahr aufzuhalten.

„Unserer unmaaßgeblichen Meynung nach" — so schrieb der Rath — „könte das Commercewesen von polnischer Seite und andere Orten auch ohne denen Juden gar füglich bestellet und durch andere Persohnen geführet werden." Was nun speziell das Reichsverbot und die drei Bittsteller betrifft, so erklärte der Rath, weder etwas von dem Reichsverbot, noch von der Ausweisung der Bittsteller durch den Gouverneur zu wissen, es sei ihm nichts darüber mitgetheilt worden. Sundel Hirsch insbesondere habe hier in Riga einige Jahre auf besonderen Zulass des Fürsten Menschikow wohnen dürfen. Hinsichtlich der hohen Interzession von auswärtigen Mächten für die beiden andern Juden müsse sich der Rath jeder Aeusserung enthalten, er überlasse aber zuversichtlich der Gnade des Kaisers die Beibehaltung des Stadtprivilegiums, das die Stadt vor dem Eindrange der Juden schütze.

Mit dieser Instruktion versehen, begab sich nun Caspari wieder zu Ostermann und theilte ihm mit, dass die drei Juden nach den Stadtprivilegien nicht beständig bei uns geduldet werden könnten. Ostermann hörte das lächelnd an, nahm Caspari bei der Hand, führte ihn zum Fenster und sagte: „Diese Leuthe bringen des Jahres Ihro Kays. M.

am Zolle einige 100 Rubel ein, selbige wollet Ihr bey Euch
nicht leyden, wohl aber eine Parthey schlechte Juden, die
ab und zu bey Euch reißen und das Geld auß dem Lande
schlepen ... Schreibet dem Magistrat, dass sie selbige
sogleich wegziehen heißen, die drey bewuste Juden aber,
die in der Vorstadt wohnen, ungetrieben laßen." Mit einer
Reverenz, so schliesst Caspari seinen Bericht, wurde diese
Unterredung geschlossen.[1]

Das Reichsgesetz von 1727 wegen Ausweisung der
Juden ist hier, vielleicht unter dem Einflusse von Ostermann,
niemals publizirt worden, es hatte aber doch zur Folge,
dass sich die hiesige Regierung mehr als vorher mit der
Judenfrage zu beschäftigen begann. Im Dezember 1728
erging eine Anfrage des Gouverneurs Tschernischew hinsichtlich der Rechtsstellung der Juden und ihrer Anzahl.[2]
Diesem Umstande verdanken wir es, dass wir zum ersten
Male über die Zahl der Juden unterrichtet werden. Das
vom Landvogteigerichte ausgestellte namentliche Verzeichniss der damals hier domizilirenden Juden[3] ergiebt, dass es
sich um 19 Parthien, meist Familien, aber auch einige
einzeln Lebende handelte, 7 Parthien bestanden aus Mann,
Frau und Kindern, 1 Parthie aus Mann, Frau und Tochter,
1 Parthie aus Mann, Frau und Magd, 1 Parthie aus einer
Wittwe mit ihrem Sohn und 9 Parthien aus einzeln lebenden
Männern, darunter einer mit einem Gesell, endlich wird
noch bei einer Familie, dem alten Sundel Hirsch, „Gesinde"
aufgeführt. Im Ganzen 20 Männer, 9 Frauen, 1 Wittwe
und eine ungewisse Zahl Kinder und Gesinde. Rechnet
man 3 bis 4 Kinder auf die Familie, so mochten im Ganzen
ungefähr 60 Juden sich damals hier aufgehalten haben, bei
fast allen wird ausdrücklich bemerkt, dass sie in der Her-

---

[1] Caspari an den Rath vom 25. November 1727.
[2] Das Schreiben fehlt im Stadtarchive, auch das darüber auf-
genommene Protokoll fehlt.
[3] Protokoll des Landvogteigerichts vom 5. Dezember 1728, Bd. 71
S. 268—74. Schreiben des Raths an den Gouverneur vom 11. Dezember
1728, Aulica Bd. 35 S. 605—6.

berge wohnen. Einige Männer sind zeitweilig abwesend, so die beiden Silberhändler Salomon Samson und Sundel Hirsch der Alte in Moskau, der Silberhändler Sundel Hirsch der Junge in St. Petersburg. Ausser diesen 3 Silberhändlern und 2 Juwelenhändlern (Isaak Markus Salomon aus Hamburg und Moses Joseph aus Amsterdam) beschäftigten sich 3 mit dem Handel von Kramwaaren, alten Kleidern und Kleinigkeiten, 2 als Mäkler, unter den Handwerkern gab es 4 Schneider, 1 Petschierstecher, 1 Barbier, 1 Posamentier und 1 Brandweinbrenner, 2 waren ohne Beschäftigung. Gebürtig waren 9 aus Litauen, 3 aus Polen, 2 aus Amsterdam, je 1 aus Mitau, Königsberg, Hamburg und Böhmen. Das Resultat der Zählung ist eigentlich überraschend gering, man hätte nach den vorausgegangenen Verhandlungen doch wohl annehmen müssen, dass sich bei weitem mehr hier aufhielten. Doch versichert der Judenwirth, dessen ganzes Interesse ja mit den Juden zusammenhing und dem man es daher wohl glauben muss, dass sich ausser diesen „nicht ein eintzige Seele mehr" hier befände. Zu berücksichtigen ist aber, dass die Zählung während einer Jahreszeit geschah, wo die beim Grosshandel interessirten Juden von Riga abwesend waren. Zur Strusenzeit, im Mai und Juni, mochte ihre Zahl wohl auf mehrere hundert anwachsen. Eine wirklich gefährliche Konkurrenz hätten doch wohl nur die 5 Silber- und Juwelenhändler dem einheimischen Goldschmiedeamte machen können, doch bleibt auch hier zu bedenken, dass diese Leute, wie aus ihren hohen Verbindungen hervorgeht, ihren Handel zweifellos in grossem Massstabe führten, mithin wohl nur selten dem Goldschmiedeamte ins eng betriebene Handwerk zu pfuschen vermochten.

Trotzdem hören die Klagen der Bürgerschaft über den Eindrang der Juden, sowie darüber, dass sie zu beständigem Aufenthalt sich hier niederzulassen versuchten, nicht auf. Es entwickelt sich daraus immer wieder dasselbe Bild: es wird streng vom Rathe angeordnet, dass die Juden ausgewiesen werden, die Anordnung ergeht auch an die Juden, sie werden thatsächlich trotz vielen Sträubens unter An-

drohung von Geld- und Gefängnissstrafen ausgewiesen, manche
Strafen werden auch wirklich verhängt, aber Einige wissen
doch immer durchzuschlüpfen und es dauert nicht gar zu
lange, so ist wieder eine nicht geringe Zahl vorhanden und
das Spiel beginnt von vorne, so in den Jahren 1729[1] und
1731,[2] wo auch das livl. Generalgouvernement die Ausweisung der Juden angeordnet hatte und wo Manchen auch
die Fürsprache, sei es des Vizegouverneurs Generallieutenants
v. Balck, der sich für einen ihm verschuldeten Petschierstecher, sei es des Regierungsraths v. Vietinghoff, der sich
für seinen Barbier verwandte, nichts half.

Immerfort musste auch die Verordnung eingeschärft
werden, dass sie nur in der Judenherberge, sonst nirgendwo
einkehren durften,[3] und 1736 erging ein besonders strenger
Befehl des Raths gegen die um sich greifende Mäklerei
unter den Juden, es wurde ihnen wiederholt eingeschärft,
dass sie nicht zum Bedruck des Handels auf dem Markte
und in den Häusern für Andere Waaren kaufen oder verkaufen dürften. Nicht nur der Jude, der sich als Mäkler
gerirt, sondern auch derjenige, der durch einen Juden
Waaren kauft, sollte das erste Mal mit 25 Rthl. Alb., das
andere Mal mit 50 Rthl. Alb. und bei fernerer Uebertretung
in doppelte Strafe verfallen sein, im Falle des Unvermögens
aber zu Gefängniss- und Leibesstrafen verurtheilt werden.[4]

---

1 RP vom 2. Mai und 15. August 1729, Publica Bd. 97 S. 282—83,
501—2. — Protokolle des Landvogteigerichts vom 13. Mai, 9. September
und 27. November 1729, Bd. 72 S. 1—2, 114—15, 190—94.
2 RP vom 21. Mai, 15. September, 29. Oktober 1731, Publica Bd.
100 S. 363, Bd. 101 S. 206 und 294. — Protokolle des Landvogteigerichts
vom April, Oktober und November 1731.
3 RP vom 15. September 1731, Publica Bd. 101 S. 206. — Intimation
des Landvogteigerichts vom 21. November 1731, Missivae Bd. 18 S. 155. —
Im selben Jahre wurde an Stelle von Vieting Johann Peter Schwartz als
Judenwirth bestätigt. Publica Bd. 101 S. 198—99, 312—13. — 1737
Oktober 14 (Publica Bd. 110 S. 402) lehnte der Rath es ab, den vom Geheimrath v. Vietinghoff empfohlenen Juden Samuel Salomon als Judenwirth zu
bestätigen, weil das den hiesigen Gesetzen widerspricht, und 1739 (Publica
Bd. 114 S. 181) heisst der Judenwirth Schmidt.
4 RP vom 4. Juni 1736, Publica Bd. 109 S. 15—16. — Intimation
des Raths vom 8. Juni 1736, Missivae Bd. 19 S. 146—47.

Ein Vorbote schlimmerer Zeiten für die Juden war das am 29. Juni 1738 erlassene Patent der livl. Gouvernementsregierung, wodurch den in Livland sich aufhaltenden Juden ein kurzer Termin zur Abreise gesetzt wurde. Zwar wurde dieser Termin auf Bitte der dadurch betroffenen Juden bis zum kommenden Winter verlängert,[1] damit sie Zeit gewönnen, ihre Früchte einzuernten, aber eine im Februar 1739 erneuerte Bitte wurde bestimmt abgewiesen.[2]

Die schlimme Zeit für die Juden begann mit der Regierung der Kaiserin Elisabeth. Wenn man das, was über die Stellung Ostermanns, eines der mächtigsten Männer während der früheren Regierungen des Kaisers Peters II. und der Kaiserin Anna, berichtet werden konnte, in Betracht zieht, so dürfte vielleicht die Annahme gerechtfertigt sein, dass die einigermassen milde Handhabung des bereits 1727 erlassenen Reichsgesetzes über die Ausweisung der Juden aus Russland zum nicht geringen Theil auf seinen Einfluss zurückzuführen sein dürfte. Nun war aber Ostermann gefallen und es begann eine energisch durchgeführte Verfolgung der Juden während der ganzen Regierungszeit der neuen Kaiserin. Ihr Ende erreichte diese Verfolgung erst, als Katharina II. den Thron bestieg und, von wirthschaftlichen und menschenfreundlichen Tendenzen geleitet, den breiten Strom der Juden wieder in ihr grosses Reich leitete. Doch bevor wir hierauf näher eingehen, sei es gestattet, noch auf einige Punkte der früheren Zeit zurückzugreifen.

Vergeblich habe ich nach näherer Aufklärung über die Religionsübung der Juden während des ersten Menschenalters russischer Herrschaft gesucht. Zu einer Zeit, wo die Katholiken noch so streng in die Schranken gewiesen wurden und wo die Reformirten nur in Folge des mächtigen Schutzes des Kaisers Peter zu öffentlicher Religionsübung

---

[1] Resolution des livl. Generalgouvernements vom 29. August 1738 im Bande der Missive von 1738 im Archive der livl. Gouv.-Reg.

[2] Resolution vom 23. Februar 1739 im Bande der Missive von 1739 ebendort.

gelangen konnten, steht auch nicht zu erwarten, dass man den Juden gegenüber besondere Nachsicht geübt haben werde, doch war ihnen, wie aus späteren Nachrichten hervorgeht, gestattet, in der Judenherberge ihren Gottesdienst zu halten. So verbleibt denn nur das hervorzuheben, dass ihnen erlaubt wurde, für sich einen besonderen Begräbnissplatz einzurichten. Der Jude Sundel Hirsch stellte 1725[1] Namens aller in Riga handelnden Juden dem Landvogteigerichte vor, dass es ihnen sehr beschwerlich fiele, ihre Leichen nach Kurland zu bringen, er bat, ihnen einen Platz in den Sandbergen in der Gegend bei Koyenholm einzuweisen, wo sie ihre Todten beerdigen könnten. Das Landvogteigericht gab die erbetene Genehmigung und verwies die Juden an das Stadtkassakollegium, um wegen des jährlichen Grundgeldes eine Abmachung zu treffen.

Von Judentaufen hören wir noch seltener, als zu schwedischer Zeit. Nur ein einziger sicherer Fall ist mir aufgestossen: ein Jude Nathan Jakob Pollack war im Juni 1717 hergekommen, um zur lutherischen Kirche überzutreten. Auf seine Bitte erhielt er ein kleines Almosen von 2 Dahlern Carol., und als er im Juli um einen Kirchenstand bat, da erhielt er statt dessen 3 Dahler Carol. Mit derselben Bitte hatte er sich zu gleicher Zeit an die Regierung gewandt, die ihm mehr entgegenkam und an den Generalsuperintendenten Brüningk die Aufforderung richtete, einen Kirchenstand in der Jakobikirche zu verordnen. Im September endlich, kurz vor der an ihm, seinem Weibe Rahel und seiner Tochter Hanna in der Domkirche vollzogenen, mit Namensänderung (Johann, Martha, Katharina) verbundenen, vom Generalsuperintendenten vollzogenen Taufe, bewilligte ihm der Rath noch ein schwarzes Kleid, für das an den Konkursbuchhalter 14 Rthl. gezahlt wurden.[2] Hin und

---

[1] Protokoll des Landvogteigerichts vom 22. Juni 1725, Bd. 69 S. 250—51.

[2] RP vom 19. Juni, 12. Juli, 4. und 6. September 1717 und vom 6. November 1719, Publica Bd. 72 S. 341 und 366, Bd. 73 S. 4 und 8, Bd. 75 S. 508. — Archiv der livl. Gouv.-Reg., Generalregister von 1717, Juli. — Taufbuch der Domkirche Bd. 2 Bl. 254b.

wieder werden, aber auch nur selten, bekehrte Juden erwähnt, wobei es nicht gewiss ist, ob sie auch hier getauft wurden:

1718 bittet ein bekehrter Jude um die Freiheit, mit Schlachten sein Brod verdienen zu dürfen, worauf das Amtsgericht beauftragt wird, das Fleischeramt dazu zu bewegen, ihm solches freiwillig zu gestatten.[1]

Im selben Jahre finden mehrere Verhandlungen wegen der von einem bekehrten Juden Johann Nathan hier begonnenen Tabacksspinnerei statt, deren Betrieb ihm auf Verlangen der Kramerkompagnie untersagt wird.[2]

1720 wenden sich zwei getaufte Juden an den Rath mit der Bitte um christliches Mitleiden, sie erhalten 6 Thaler Carol. Vielleicht sind es dieselben, denen die Regierung bald darauf Pässe austheilte, in denen sie zugleich allen Eingesessenen, besonders den Pastoren empfohlen werden.[3]

Damit sind die Fälle, die mir vorgekommen sind, erschöpft. Es erübrigt noch, eine Frage zur Sprache zu bringen, die zuerst 1723 aufgerührt wurde. Es handelt sich um das von den Juden zu zahlende Geleitgeld. In einer Beschwerde, die von den polnischen Edelleuten und Kaufleuten im Juni 1723 beim Generalgouverneur Fürsten Repnin über einige ihnen im hiesigen Handel zugefügte Nachtheile überreicht wurde,[4] wurde behauptet, dass von den ihre Waaren begleitenden Juden eine schwere Kontribution in Riga erhoben würde. Sie baten um deren Ermässigung, wobei sie aber zugleich bemerkten, dass sie dagegen nichts haben könnten, wenn man von den mit eigenen Waaren herkommenden Juden die gewöhnliche Kontribution erhöbe.

---

[1] RP vom 28. März 1718, Publica Bd. 73 S. 369.

[2] RP vom Mai und Juli 1718, Publica Bd. 73 und 74.

[3] RP vom 6. Juli 1720, Publica Bd. 77 S. 121. — Missive von 1720 im Archiv der livl. Gouv.-Reg., unterm 20. Juli Pass für Christian Gottlieb Seligmann und Magnus Christian nebst seiner Ehefrau und einem Sohn, ferner ebendort im Generalregister von 1717, Februar: Seligmann, ein getaufter taubstummer Jude, bittet um einen Pass und Rekommendation, mit seiner Frau und Kinde nach dem Lande reisen und christliche Herzen um eine milde Beisteuer ansprechen zu können.

[4] Vom 4. Juni 1723 Punkt 25, Generalgouvernementliche Reskripte von 1723.

Der Rath erklärte sich darauf wie folgt:[1] Dass die
Juden für ihr hiesiges Verbleiben „eine Erkenntlichkeit
oder das Geleite" bezahlen müssen, gründet sich auf eine
uralte und unangestrittene Gewohnheit, die auch in anderen
Städten besteht, wo man für jede Nacht einen Dukaten
von ihnen erhebt, während sie hier nicht mehr als überhaupt 2 Rthl. für den jeweiligen worthabenden Bürgermeister[2] und 1 Rthl. für den Diener zu erlegen schuldig
sind. Ein solches Geleitgeld wird nicht von allen Juden
oder deren Bedienten eingefordert, sondern nur von denjenigen, die wirklich Handel hier treiben. Es wird auch
oft, wenn darum unter Berufung auf Unvermögenheit gebeten wird, theils ermässigt, theils ganz erlassen, sodass der
Ertrag nur gering ist, nicht mehr als 60 bis 70 Rthl. jährlich.
Der Zweck einer solchen Auflage ist vornehmlich der, damit
diese gewinnsüchtigen Leute, die dem Publikum nicht im geringsten irgendwelche vortheilhaften Dienste leisten, sondern
einer Republik und dem Handel nur schädlich sein mögen,
sich hier nicht einnisteln sollen, wie man denn nach den
Privilegien sie überhaupt nicht zu dulden berechtigt ist.

Mit dieser Erklärung scheint die Regierung sich damals
zufrieden gegeben zu haben, denn sie berücksichtigte das
weiter nicht in der auf die erhobenen Beschwerden vom
Kaiser Peter im Jahre 1725 erlassenen Resolution.

Im Jahre 1734 wurde diese Sache wieder zur Sprache
gebracht. Alle hier handelnden Juden beschwerten sich[3]
über die Bürgermeisterdiener, dass sie die Geleitgelder
unrechtfertig erhöben, namentlich von Kindern, Bedienten,
Jungens und Postboten. Hiergegen wandte sich der damalige
wortführende Bürgermeister Melchior Wiedau, er bat, die
Sache genau zu untersuchen und die Diener streng zu be-

---

[1] Aulica Bd. 31 S. 209—10.
[2] Das Judenschutzgeld von 2 Rthlrn. wurde in dem zwischen Rath und
Bürgerschaft am 2. September 1679 über das Honorar der Rathsglieder und
deren Accidentien geschlossenen Vergleich ausdrücklich dem wortführenden
Bürgermeister vorbehalten.
[3] RP vom 12. Juli 1734, Publica Bd. 105 S. 341—46.

strafen, wenn sie von Kindern unter 12 Jahren das Geleitgeld genommen haben sollten. Was die sogenannten
Jungens beträfe, so hätte er meistentheils gefunden, dass
die Juden, die über 18, 19 und mehr Jahren wären, für
Jungens ausgegeben würden, wie noch gestern ein Jude
mit einem Bart von einer Viertelelle lang, der heute ohne
Zahlung des Geleits davongelaufen wäre, für einen Jungen
hätte passiren wollen. Sie alle thäten doch hier nichts
anders, als schachern und wuchern, und kämen nicht her,
ohne Profite zu machen, könnten daher füglich wegbleiben.
Was weiter die Juden unter Bedienten und Postboten ver-
stünden, wäre schwer zu errathen. Die Geleitgelder wären
auf Juden im Allgemeinen gelegt, nicht aber blos auf solche
Juden, die nur am Markte handelten. Wäre das der Fall,
so wäre nach der Juden Art nur Einer allemal ein Kaufmann, und vier oder fünf daneben seine oder eines andern
Abwesenden Bediente oder Postboten, die dennoch alle
hierselbst Handel und Wandel trieben und ihren Verkehr
auf alle Art und Weise hätten. Wer wäre wohl vermögend,
solches allemal zu untersuchen und den jüdischen Unterschleifen darin zuvorzukommen? Wenn das durchkäme,
dass nur die wirklichen Kaufleute besteuert werden sollten,
dann würde kaum der zehnte Theil nachbleiben, sie würden
sich meist als Bediente aufgeben, wie das jetzt schon zu
Tage läge, wo ein solcher Bedienter öfters mehr Handel
triebe, als der, der sich für einen Kaufmann ausgäbe. Er
versicherte bei seiner Ehre, dass er sowohl in diesem, als
in vorigen Jahren, wann er beim Worte gewesen, gar vielen
Juden wegen ihrer vorgeschützten Armuth das Geleite
theils ganz erlassen, theils auf die Hälfte ermässigt, auch
viele, als Bediente und die ihrer Aussage nach nur Briefe
gebracht, vom Geleite ganz befreit hätte. Viele liefen auch
ohne Bezahlung davon und zum Theil befreiten sie sich
durch höhere Empfehlung und Fürsprache. Er glaubte
zwar wohl, dass es den Juden unangenehm wäre, das Geleitgeld zu zahlen, aber der Grund, weswegen es erhoben
würde, wäre doch der, die Juden, als einer bürgerlichen

Gesellschaft sehr schädliche Leute, soviel als möglich von
der Stadt abzuhalten. Denn wenn 4 oder 5 Bürger von
ihnen Nutzen haben möchten, so wären nach Verhältniss
deren wohl 15 bis 20, die durch sie Schaden erlitten. —
Der Rath entschied denn auch auf diese, der Sachlage sicher
entsprechende Darstellung dahin, dass es bei der bisher
geübten Weise sein Bewenden haben und dass nur die
Kinder vom Geleitgelde befreit werden sollten.
Noch einige Male hatte der Rath sich mit der Frage
des Geleitgeldes zu beschäftigen und Bericht darüber an
Regierungsinstitutionen zu erstatten, [1] auch befreite er einmal
einen Juden, den Petschierstecher Samuel Salomon, auf
Empfehlung des Generalgouvernements von der ferneren
Erlegung des Geleits, [2] doch wurde am Rechte selbst nichts
geändert, erst die Kaiserin Katharina II. hob, worauf wir
noch kommen werden, 1766 dieses von Peter dem Grossen
unbeanstandet gelassene Gewohnheitsrecht auf.
Kurz zusammengefasst ist die Rechtslage der Juden in
Riga zu Anfang der Regierungszeit der Kaiserin Elisabeth
in einer Auskunft, die der Rath im März 1742 dem Magistrate
von Königsberg auf dessen Bitte ertheilte. [3] Da darin
einige Punkte berührt werden, die sonst nicht Erwähnung
gefunden haben, so mag es angebracht sein, den Inhalt kurz
wiederzugeben:
Jüdischen Familien wird es nicht gestattet, hier ein be-
ständiges Domizil zu haben, und regulaire Schutzjuden giebt
es hier nicht, doch ist ausnahmsweise einem oder dem andern
auf hohe Fürsprache ein ungestörter Aufenthalt hier vergönnt worden, so z. B. dem hier noch sich aufhaltenden
Juden Isaak Markus Salomon, der aber nicht in der Stadt,

---

[1] Bericht an die Kommerzkommission vom 14. Mai 1732 Punkt 2,
Aulica Bd. 37 S. 125 ff. — Bericht an das Reichsjustizkollegium vom 6.
Februar 1740, Aulica Bd. 40 S. 221. — Generalgouvernementsreskript vom
24. Oktober 1740 und RP vom 29. Oktober 1740, Publica Bd. 115 S. 365—66.
[2] RP vom 15. September 1737, 29. Oktober 1740 und 24. November
1742, Publica Bd. 110 S. 354, Bd. 115 S. 366, Bd. 119 S. 99—100.
[3] RP vom 5. und 10. März 1742, Publica Bd. 118 S. 38—41, 46.
Den Wortlaut der Antwort des Raths habe ich im Archive nicht gefunden.

sondern in der Vorstadt seine Wohnung hat und wegen des Quartiers sich mit dem Wirth der Judenherberge abfinden muss. Alle hierher kommenden Juden sind gehalten, ihre Wohnung nirgendwo anders, als in der dazu bestimmten, in der Vorstadt belegenen Judenherberge zu nehmen, und es ist ihnen nicht vergönnt, innerhalb der Ringmauern der Stadt zu wohnen. Den Juden ist nur gestattet, ihre hergebrachten Waaren an Rigische Bürger zu verkaufen, wie sie auch nur von diesen die nöthigen Retourwaaren erhandeln dürfen. Der Verkauf der Waaren an Fremde, sowie der Ankauf der Retourwaaren von Fremden ist ihnen, gleich jedem andern Fremden, verboten. Mit allen Waaren en gros und en detail dürfen die Juden nur zur Jahrmarktszeit, das ist vom 20. Juni bis zum 10. Juli, handeln. Häuser oder liegende Gründe dürfen sie nicht eigenthümlich erwerben, noch auf ihre Erben bringen. Ueber die Zeit, wie lange sie sich hier aufhalten dürfen, ist nichts gewisses bestimmt, nach Beschaffenheit der Umstände wird dem einen eine längere Frist als dem andern gestattet. Alle herkommenden Juden müssen, so oft sie sich hier einfinden, dem worthabenden Bürgermeister ein gewisses Geleitgeld nach der von Alters hergebrachten und hochobrigkeitlich konfirmirten Gewohnheit zahlen.[1]

Dies sind in grossen Zügen die Rechtssätze, nach denen mit den Juden bis 1742 verfahren wurde; nicht zum Ausdrucke gelangte dabei das, was hin und wieder aus den Verhandlungen hervorleuchtet, nämlich die, neben der offen vorhandenen Abneigung gegen die üblen Eigenschaften des Judenvolks, aus dieser Abneigung oder aus Handelsneid und Nahrungssorgen entsprungene, weit verbreitete Ueberzeugung, dass man der Juden hier garnicht bedürfe, dass sie vielmehr ein der bürgerlichen Gemeinschaft schäd-

---

[1] Die behauptete hochobrigkeitliche Konfirmation habe ich nicht ermitteln können. Die Erhebung des Geleitgeldes ist, so nehme ich an, nur stillschweigend gebilligt worden, wie auch Wiedau laut Protokoll vom 12. Juli 1734 sich nicht anders auszudrücken weiss, als: „es hätte aber selbigem Monarchen (Peter dem Grossen) beliebct, in diesem Stücke keine Aendrung zu machen".

liches Element seien, deren gänzliche Entfernung anzu-
streben sei. Man sollte daher meinen, dass der durch das
Patent der livländischen Gouvernementsregierung vom
3. Januar 1743 publizirte Namentliche Ukas der Kaiserin
Elisabeth vom 2. Dezember 1742,[1] der die Erfüllung des
Reichsgesetzes von 1727 einschärfte und alle Juden aus
dem ganzen Reiche, sowohl aus den gross-, als klein-
russischen Städten, Flecken und Dörfern, auszuweisen und
unter keinem Vorwande (ши для чего) irgend einen Juden
künftighin ins Reich zu lassen befahl, hier mit Freuden
hätte begrüsst werden müssen. Dem war aber nicht so.
Gleich beim ersten Vortrage dieses am 6. Januar in den
Kirchen und durch öffentliche Anschläge publizirten Patents
wurden im Rathe Bedenken darüber laut, dass bei genauer
Befolgung dieses Befehls der hiesige polnische Handel gar
sehr zu leiden kommen würde,[2] was zu eingehenden Be-
rathungen mit den Stadtälterleuten und endlich zu dem
Beschlusse führte, dem Generalgouverneur Lacy eine Vorstellung dawider zu übergeben.[3]

Das Patent vom 3. Januar — so wurde berichtet —
scheint sich eigentlich nur auf Gross- und Kleinrussland,
nicht aber auf diese Provinzen zu beziehen. Hier in Riga
ist bereits seit polnischer Zeit den Juden verboten, sich hier
häuslich niederzulassen und zu wohnen, in Folge des jetzt
ergangenen Befehls ist nun auch das seit vielen Jahren
einigen Juden in Folge der „Vorsprache von gewissen
Grossen, deren Ansinnen wir als Befehle veneriren müßen,"
eingeräumte Wohnungsrecht in Fortfall gekommen und
der Rath hat daher sämmtlichen Juden durch das Landvogteigericht andeuten lassen,[4] binnen sechs Wochen das Stadt-
gebiet zu räumen. Dennoch sieht sich der Rath auf Grund

[1] Полное собрание законовъ XI, 8673.
[2] RP vom 7. Januar 1743, Publica Bd. 119 S. 116—17.
[3] RP vom 15. und 17. Januar 1743, Publica Bd. 119 S. 180–82, Aulica Bd. 42 S. 155—58.
[4] Das geschah am 13. Januar, Protokoll des Landvogteigerichts Bd. 79 S. 411.

seiner Amtspflicht und auf Ansuchen der handelnden Bürgerschaft getrieben, darum nachzusuchen, dass an die Grenz-
postirungen der Befehl ergehen möge, die wegen des Handels herkommenden und zurückkehrenden Juden frei passiren zu lassen. Riga ist nach seiner Lage und nach der Art
seines Handels auf die aus Polen, Polnisch-Livland und
Litauen zu Wasser oder zu Lande hergebrachten Waaren
angewiesen. Im Dienste der grossen polnischen Gutsbesitzer
befänden sich sehr viele Juden als Faktore und Disponenten.
Würde diesen nun verboten, hierher zu kommen, so würde
das „nicht ohne grösten Ruin des hiesigen Handels" und
zum nicht geringen Schaden für die Krone gereichen. Sie
würden sich nach fremden benachbarten Oertern zum unersetzlichen Nachtheile der Stadt Riga wenden und ihre
Waaren dort veräussern, auch die Retourwaaren dort ein-
kaufen, die hiesigen Bürger aber, die weit über 100 000 Rthlr.
bei den Juden ausstehen haben, würden das leere Nachsehen
haben und in äussersten Ruin gestürzt werden. Der Rath
wolle sich gern dazu verbinden, die herabkommenden Juden
nicht länger als einige Wochen, oder je nach der Art ihres
Handels eine kürzere Zeit, hier zu dulden, man möge jedoch
von dem gänzlichen Verbot abstehen.

Diese Auseinandersetzung des Raths stand in direktem
Widerspruche zu dem, was der Rath im Jahre 1727 nach
Erlass des ersten Reichsgesetzes über die Ausweisung der
Juden gesagt hatte (S. 34), nämlich dass der Handel von
polnischer Seite füglich auch ohne Juden durch andere
Personen geführt werden könne. Nun aber schien doch
der Rath der Ansicht zu sein, dass dieser Handel mit den
Juden unzertrennlich verbunden sei. War denn, könnte
man fragen, der Einfluss der Juden in Polen während der
15 Jahre so gestiegen, oder beruhte nicht vielmehr die früher
geäusserte Ansicht des Raths auf einer Täuschung über
die wahren Zustände? Wir neigen eher zu einer Bejahung
der zweiten Frage und die Folge hat es gezeigt, dass die
Befürchtung des Raths, der Handel würde zurückgehen, wenn
man die Juden zurückweise, vollkommen gerechtfertigt war.

Die Vorstellung des Raths an den Generalgouverneur
blieb vorläufig ohne Antwort und der Rath erhielt, statt
des erwarteten günstigen Bescheides, am 23. März einen
Senatsukas vom 15. März zugefertigt, der die ungesäumte
Wegschaffung der Juden wiederholt einschärfte.[1] Er konnte
auf Verlangen am 31. März berichten,[2] dass sämmtliche
Juden fortgeschafft seien, mit Ausnahme von zwei armen
Juden, die sich hier wegen eines Prozesses aufhielten, von
zwei kranken Judenweibern sammt ihren Kindern, die nach
deren Genesung fortgeschafft werden sollen, und von den
vier Juden, denen das Generalgouvernement selbst den
Aufenthalt bis auf Weiteres gestattet hätte. Diese vier
Juden waren der bekannte Hamburgische Jude Isaak Markus
Salomon, der Petschierstecher Samuel Salomon, Moses
Judowitz und die Ehefrau des Jakob David, der auf eine
Kronslieferung einen Vorschuss erhalten hatte.[3] Die Gesuche dieser vier Juden hatte das Generalgouvernement zum
weiteren Verfügen dem Senate unterlegt.

Die Zeit nahte nunmehr heran, wo die Strusen eintreffen
sollten. Da erfuhr der Rath, dass der Vizegouverneur
Generallieutenant Jeropkin an die Grenzwachen, und insbesondere an die bei Friedrichstadt, die Ordre erlassen hatte,
die mit den Strusen herabkommenden Juden nicht über die
Grenze zu lassen. Auf den mündlichen Vortrag, den der
Bürgermeister Berens dem Vizegouverneur erstattete, hatte
dieser sich zwar bereit erklärt, den Juden die freie Passage
zu verstatten, hinterher hatte er sich aber bedacht: die De-
duktionen des Raths wären zwar sehr erheblich, auch im
Interesse der Krone und der Stadt, er hätte sie daher aufs
neue an den Senat gelangen lassen, gleichwohl aber könne
er zuwider der kaiserlichen Ordre vom 2. Dezember und
der iterirten Ordre des Senats vom 15. März von sich aus

---

[1] RP vom 23. März 1743, Publica Bd. 119 S. 345—47.
[2] An das Generalgouvernement und an den Vizegouverneur Generallieutenant Jeropkin, Aulica Bd. 42 S. 242—48.
[3] RP vom 21. Januar, 23. Februar, 25. Februar und 2. März 1743,
Publica Bd. 119 S. 197—98, 257—58, 270—71, 284—85.

den Juden den Aufenthalt nicht gestatten, noch an die Vor-
posten die Weisung zur ungehinderten Herkunft ergehen
lassen. Wegen der Gefahr im Verzuge sandte der Rath
noch am selben Tage (15. April) mittelst Estafette eine
Vorstellung an den Senat und an den in St. Petersburg
weilenden Generalgouvernèur Lacy ab und beauftragte
zwei Personen in Petersburg, den Konsulenten A. Svenske
und den Senatssekretair Huhn, mit der Vertretung der In-
teressen der Stadt. Auch gewann der Rath die Fürsprache
der beiden hiesigen Regierungsräthe Geheimrath v. Vietinghoff
und Baron Budberg, die sich bereit erklärten, ungesäumt
dem Senate die Sache zu empfehlen und den Vizegouverneur sogleich um Genehmigung der Herkunft der Juden
zu ersuchen.[1] Um aber die Juden, deren Eintreffen bei
Friedrichstadt täglich erwartet wurde, über die Sachlage zu
verständigen, wurde der Bürgermeisterdiener Schultz nach
Friedrichstadt gesandt. Er sollte sie zu bewegen suchen,
dort bis zur gefällten Entscheidung zu warten, inzwischen
aber ihre Waaren herzusenden.[2]

Am 29. April ging die frohe Botschaft des Generalgouverneurs Lacy aus St. Petersburg ein, der Senat hätte
bereits auf die Vorstellung des Raths entschieden, dass die
Juden nach wie vor ab- und zureisen mögen und dass
dieserhalb die erforderlichen Befehle ergehen sollen. Der
Vizegouverneur Jeropkin weigerte sich jedoch, auf diese
Nachricht hin die Befehle an die Grenzwache zu erlassen,
er wollte den Eingang des Senatsukases abwarten. So
wurde denn der aus Friedrichstadt inzwischen zurückge-
kehrte Bürgermeisterdiener wiederum dorthin gesandt, um
die Juden zu beruhigen.[3]

Bald darauf kam jedoch die Nachricht vom Konsulenten
Svenske ein, dass der Senat noch keine Resolution gefällt
hätte, die Krönungslustbarkeiten wären an der Verzögerung

---

[1] RP vom 12., 13. und 15. April 1743, Publica Bd. 119 R. 373—74,
377, 386—89. — Aulica Bd. 42 S. 258—60, 320—29.
[2] RP vom 18. April 1743, Publica Bd. 119 S. 400—1.
[3] RP vom 29. April 1743, Publica Bd. 120 S. 15—16.

Schuld. Auf seinen Rath wurden dann Bittschriften an den
Generalprokureur Fürsten Trubetzkoi und an den General-
feldmarschall Fürsten Dolgoruki erlassen, doch es heisst
immer wieder: im Senat ist noch nichts geschehen, Ver-
sprechungen sind gemacht, aber nicht erfüllt worden. Im
August wird berichtet, der Doklad des Senats an die Kaiserin
sei fertig, aber unvermuthet vorgefallene Umstände haben
die Absendung verhindert. Endlich konnte Svenske gegen
Ende Dezember berichten, dass die Kaiserin am 16. Dezember im Senate gewesen sei und die Sache wegen der Juden
unterschrieben habe, sie habe aber die Meinung des Senats
verworfen, ihr „expresser deklarirter Wille·sei, die Juden
als Feinde Christi in· dem Reiche gantz und gar nicht zu
dulden, noch von ihnen einigen Nutzen zu ziehen." [1] Im Rathsarchive habe ich diese Entscheidung nicht gefunden, wohl
aber in der Vollständigen Sammlung der Gesetze.[2] Es
handelt sich um einen Doklad des Senats, versehen mit
einer eigenhändigen Aufschrift der Kaiserin. Der Senat
giebt ein genaues Referat über die Gesuche der livländischen
Gouvernements- und Regierungskanzellei, des Generalfeld-
marschalls Grafen Lacy und des Rigischen Raths und em-
pfiehlt, indem er auf die Vortheile hinweist, die durch die
Erhebung der Zölle entstehen würden, den Juden zu gestatten,
sich nach Riga und andern Grenzstädten begeben zu dürfen
zu dem alleinigen Zwecke, um dort Handel auf den Jahrmärkten zu treiben, jedoch sollen sie, sobald sie ihre
Waaren verkauft und andere Waaren dagegen eingekauft
haben, wieder über die Grenze verwiesen werden, unter
keinen Umständen aber sollen sie dort wohnen dürfen.
Die eigenhändige Resolution der Kaiserin lautete: „Отъ
враговъ Христовыхъ не желаю интересной прибыли" (von
den Feinden Christi will ich keinen Nutzen ziehen).

---

[1] RP vom 6. und 13. Mai, 3. und 23. Juni, 10. August, 8. und 23.
Dezember 1743, Publica Bd. 120 S. 31, 48, 90, 122 und 190, Bd. 121 S.
44 und 74. Briefe des Konsulenten A. Svenske an den Rath vom 17. und
20. Dezember 1743 im äusseren Rathsarchive Schrank IV.
[2] XI, 8840.

Diese Entscheidung entsprang mehr dem Gemüth, als der politischen Erwägung. Man ersieht daraus, dass die Kaiserin selbst, nicht etwa ihre Minister, eine ausgesprochene Abneigung gegen das Judenvolk hatte. Und in dieser Hinsicht ist sie sich während ihrer ganzen Regierungszeit treu geblieben.

Vergeblich waren daher auch die ferneren Bemühungen des Raths. Es scheint, als ob er über die Tragweite der Resolution nicht gehörig unterrichtet gewesen war, sonst hätte er wohl die Hoffnung auf eine günstige Entscheidung aufgegeben. Er wandte sich im Januar 1744 wiederum an den Senat bei dem Bemerken, dass er noch keine Resolution erhalten habe, und stellte vor, dass nicht nur der Ausfuhrhandel (die sog. Retourwaaren: Salz, Wein, Eisen u. s. w.) leide, sondern auch der Mastenhandel, „das schätzbahrste Kleinoth dieser Stadt," abgezogen werde. Auch das Interesse der Krone litte dabei bedeutend. Für einen einzigen Mast müsste zuweilen 40 bis 50 Rthl. Alb. an Zoll erlegt werden und an Spieren- und Mastenzoll wären 1742 und 1743 im Ganzen 42410 Rthl. Alb. eingegangen. Es sei bereits bekannt, dass nach Danzig im letzten Jahre 51 Masten von solchen Juden abgeflösst worden seien, die bisher nach Riga gehandelt hätten und den hiesigen Bürgern verschuldet seien. Auch hätten die Juden in Polen und Litauen Flachs, Hanf, Schlag- und Leinsaat aufgekauft, um diese Waaren nach Windau, Libau, Memel und Königsberg zu führen. Es drohe gänzlicher Verfall des so importanten Handels.[1] Im November 1744 wurde abermals auf Bitte der mit Masten handelnden Bürgerschaft eine Eingabe an den Senat gemacht.[2] Man hatte erfahren, dass einige Juden, die vor zwei oder drei Jahren auf Mastenlieferung einige tausend Reichsthaler von hiesigen Bürgern zum Vorschuss erhalten hatten, eine

---

[1] Aulica Bd. 43 S. 177—85. RP vom 10. März 1744, Publica Bd. 121 S. 252, wonach Svenske berichtet, dass die vom 16. Januar datirte Vorstellung des Raths dem Senate in Moskau übergeben worden sei.

[2] RP vom 7. November 1744, Publica Bd. 122 S. 293–95, Aulica Bd. 44 S. 183—86.

grosse Partie schwerer Masten, die mit diesen Geldern ver-
arbeitet und von hiesigen Wrakern an Ort und Stelle gewrakt
worden waren, um hierher transportirt zu werden, bereits
bis zum Städtchen Borishoff gebracht hatten. Von dort aber
waren diese Masten wieder fünf Meilen zurück durch zwei
neuentdeckte kleine Ströme Susje und Heyna weiter nach
Königsberg und Memel abgeflösst worden.[1] Es wurde
die Befürchtung ausgesprochen, dass Andere diesem Bei-
spiele folgen und dass der ganze Mastenhandel zum
Ruin der Bürgerschaft und zum Nachtheil für die kaiserlichen Zölle von hier abgelenkt werde. Doch auch auf
diese beiden Vorstellungen ergingen keine Resolutionen,
obwohl der in Moskau weilende Deputirte der Stadt, Rathsherr v. Ulrichen, bemüht war, wegen der Juden alles Mög-
liche in Bewegung zu setzen.[2]

So schlummerte denn diese Sache allmälig ein und
die Rigischen Bürger mussten zusehen, wie sie ihren grossen
Schaden verwinden und ohne die Juden auskommen mochten.
Auch aus Livland wurden die Juden damals ausgewiesen
und Gadebusch weiss zu berichten, dass aus Dorpat am
30. März 1743 achtzehn Juden weggeschafft wurden, mancher
aber, so fügte er hinzu, nahm die christliche Religion an,
um im Lande bleiben zu können.[3] Und aus dem ganzen
russischen Reiche sollen damals 35000 Juden ausgewiesen
worden sein.[4] Aber waren denn nun auch wirklich alle

---

1 Der Fluss Heyna (Гайна), ein Nebenfluss der Beresina, verläuft
etwa 3 Meilen westlich von Borissow im Gouv. Minsk, er entspringt in
der Nähe der Flecken Cт. und Hов. Гайна und ist dort nicht mehr als
5 Werst von dem Flusse Ilija entfernt, eine Entfernung, die noch durch
beiderseitige Nebenflüsschen bedeutend verringert wird. Es ist also
denkbar, dass die Masten die Heyna hinaufgeflösst und alsdann bei
Frühjahrshochwasser über eine auf der Karte angedeutete sumpfige Niede-
rung zur Ilija gebracht wurden. Aus der Ilija konnten die Holzwaaren
in die Wilija und aus dieser in den Njemen gelangen.

2 RP vom 1. Dezember 1744, Publica Bd. 122 S. 327—28.

3 Gadebusch, Livländische Jahrbücher IV, 2 S. 292. Im Kirchenbuche
der St. Johannisgemeinde in Dorpat habe ich in jenen Jahren keine Ein-
tragungen von Judentaufen gefunden.

4 Ebendort S. 246.

4*

Juden ohne Ausnahme aus Riga ausgewiesen worden? Es
scheint fast, als wäre diese Frage unbedingt zu bejahen.
Wie wir erfahren haben, waren gleich nach Erlass des
Reichsgesetzes noch im März 1743 vier Juden vom Generalgouvernement in vorläufigen Schutz genommen worden.
Als noch im Mai keine Resolution des Senats eingetroffen
war und der Vizegouverneur auf strenge Erfüllung der
Ukase bestand, da schrieb der Rath dem Generalgouvernement, dass man sich nun nicht weiter dem entziehen könne,
auch diese Juden fortzuschaffen. Zugleich aber wurde dem
Vizegouverneur durch den Bürgermeister Berens mündlich
vorgestellt, dass wenn man auch noch diese letzten Juden
hier auswiese, das einen üblen Eindruck auf die in Friedrichstadt befindlichen, dort auf eine Entscheidung wartenden
Juden machen und sie zu Entschlüssen treiben würde, die
einen unersetzlichen Schaden für die Bürgerschaft mit sich
brächten. Der Vizegouverneur liess sich denn auch bewegen, etwas mildere Seiten aufzuziehen, man sollte den hier
sich noch aufhaltenden Juden zwar den ferneren Aufenthalt
untersagen, aber in der ersten Zeit eben nicht so genau
darauf sehen, ob sie dieser Anweisung nachgelebt hätten.[1]
Jedenfalls finden wir den Juden Isaak Markus Salomon
noch im Januar 1744 in Riga,[2] wo ihm noch 8 Tage Frist
zum Aufenthalt vom Generalgouverneur gegeben werden.
Die letzte Nachricht von hier sich aufhaltenden Juden stammt
dann aus dem Februar 1744.[3] Der Senat hatte von Neuem
die Wegschaffung der Juden angeordnet und daraufhin
ordnete der Vizegouverneur Fürst Dolgoruki an, dass des
Juden Davids und seines Weibes Maria Kinder und Knecht
über die Grenze geschafft, auch kein Jude, ausser Moses
Meyer, der sich wegen einer vom Senate hergesandten
Sache hier aufhalte, hier geduldet werde.
Während bisher in jedem Jahre in den bezüglichen
Protokollbänden des Raths doch immerhin etwas über

---

[1] RP vom 16. und 18. Mai 1743, Publica Bd. 120 S. 57 und 60.
[2] RP vom 11. Januar 1744, Publica Bd. 121 S 93.
[3] RP vom 8. Februar 1744, Publica Bd. 121 S. 248—49.

Juden zu finden war, so vergehen nun, was wohl als Beweis für die endgiltige Vertreibung der Juden dienen mag,
fast zwanzig Jahre, ohne dass der Juden überhaupt in den
Protokollen Erwähnung geschieht, jedoch mit einer einzigen
Ausnahme: der polnische Jude Samuel richtet an den Rath
am 28. August 1749 einen Gevatterbrief, er ladet ihn zu seiner
eigenen, zum andern Tage angesetzten Taufe im Dome ein,
und der Rath beschliesst, den wortführenden Bürgermeister
Gotthard v. Vegesack dazu zu delegiren und zwei Dukaten
als Patenpfennig aus Stadtmitteln zu geben.[1]
Auch erfahren wir aus anderen Quellen[2] von der am
9. September 1763 an dem aus Danzig gebürtigen 21 jähri-
gen Kaufmanne Henoch, Josephs Sohn, im Dome vollzogenen
Taufe. Der Oberpastor Justus Immanuel von Essen berichtet
über die Feierlichkeit Folgendes: Es war ein Dienstag, an
dem der Pinkenhofsche Pastor Willisch seine sogenannte
Zirkularpredigt hielt. Während dieser Predigt stand der
Täufling im Chor vorn an der grossen Treppe. Nach der
Predigt wurde das Lied „Nun bitten wir den heilgen Geist"
gesungen, bei dessen letztem Verse Oberpastor Essen vor
den Altar trat, der Proselit aber ihm auf dem Fusse folgte
und sich mitten vor den Altar hinstellte. Nach und nach
versammelte sich das Ministerium und die Paten und stellten
sich um den Altar, worauf Essen eine Rede hielt „von
der Aufmerksamkeit und den Pflichten der Liebe, so die
Christen dem Volk der Juden, selbst bei dem grossen Verfall desselben, schuldig, mit einer nachdrücklichen Erweckung
und Gewissens-Rührung des Täuflings." Nach der Rede
setzten sich die Paten auf die rund um den Altar für sie
hingestellten Stühle, worauf Essen mit dem Täufling ein

---

1 RP vom 25. und 28. August 1749, Publica Bd. 132 S. 177, 180—81.
Taufbuch der Domkirche Bd. 3 S. 372. Er wurde Georg Christlieb getauft. Die Taufe fand in Gegenwart von vielen Gliedern des Raths und
der beiden Aeltestenbänke, sowie des Ministeriums, auch vieler städtischer
Damen statt.
2 Annales ecclesiastici Rigenses S. 15, Manuskript Nr. 600 in der
Bibliothek der Gesellschaft für Geschichte und Alterthumskunde. Taufbuch
der Domkirche Bd. 4 S. 25—26.

Examen über die Hauptstücke, worin die jetzige jüdische
Religion unzulänglich und irrig sei, und über die vor-
nehmsten Lehren der christlichen Religion anstellte. Der
Täufling beantwortete die Fragen mit vieler Freimüthigkeit
und Fertigkeit, sprach dann das Glaubensbekenntniss und
empfing die Taufe, in der er den Namen Christian Immanuel
Rigemann erhielt. Mit einer wiederholten Ermahnung zur
Beständigkeit, dem Segen und dem Gesang der Verse
„Sei Lob und Ehr mit hohem Preis" wurde die feierliche
Handlung beschlossen.

4. Die Rückkehr der Juden nach Riga im J. 1764 unter Katharina II., die Entstehung der Rigischen Schutzjuden und die Rigische Judenverordnung von 1766.

Man sollte nun meinen, dass Riga während der langen
judenfreien Zeit sich an den Gedanken, die Juden für immer
entbehren zu müssen, vollständig gewöhnt und andere
Mittel und Wege gefunden haben dürfte, um die alten
Handelsverbindungen beizubehalten. Diese Annahme trifft
nicht zu, es lag noch immer die Ueberzeugung vor, dass
es der Stadt nur zum Vortheil gereichen würde, wenn man
die handelnden Juden wieder hereinliesse, mochte auch der
Hauptgrund bei Vielen nur darin zu suchen sein, dass sie
hofften, ihre alten, fast aufgegebenen Forderungen nunmehr
beitreiben zu können. Die im Februar 1764 vom städtischen
Deputirten in St. Petersburg, Rathsherrn Schick, hierher
gesandte Nachricht,[1] dass die Juden darum nachgesucht,
sich in Russland und in den eroberten Provinzen frei aufhalten zu dürfen, sowie zur Unterstützung ihres Gesuchs
den Vorschlag gethan hätten, dass die jüdischen Schulden
mit den Anforderungen, die sie in Russland und in den
eroberten Provinzen hätten, kompensirt werden sollten, rief
unter der Bürgerschaft eine freudige Bewegung hervor. Es

---

[1] RP vom 13. Februar und 19. März 1764, Publica Bd. 156 S. 364,
Bd. 157 S. 66—67, Aulica Bd. 62 S. 239—46.

meldeten sich 57 Personen oder deren Erben mit mehr
oder weniger beträchtlichen Forderungen an die früher
hier handeltreibenden Juden[1] und der Rath erklärte sich
damit einverstanden, dass Schick Namens der Stadt ein
Gesuch bei der Regierung einreiche, worin er dem Gesuche
der Juden um deren Duldung unter der Bedingung beitreten
sollte, dass die Vorrechte der Stadt gesichert bleiben und
die Schadloshaltung der hiesigen Kaufleute in Erwägung
gezogen würde.

Das von Schick am 13. März 1764 dem Senate über-
gebene Gesuch bietet Interesse genug, um etwas ausführlicher darauf einzugehen. Er sagte dort, nachdem er darauf
hingewiesen hatte, dass der Rath nicht so glücklich gewesen war, auf das im Jahre 1743 eingereichte Gesuch wegen
Aufhebung des Judenverbots eine gewierige Resolution
zu erhalten, u. A. Folgendes:

„Die Erfahrung hat es nachher bewiesen, wie gross
der Schade gewesen, der aus diesem allgemeinen Verbot
entstanden. Der polnische Handel hat von der Zeit an in
Riga jährlich abgenommen, in den benachbarten curischen
und preussischen Häfen aber, in Windau, Libau, Memel
und Königsberg ansehnlich zugenommen. Die Juden, die
von den Rigischen Bürgern über 100000 Rthlr. Vorschuss
erhalten hatten, durften nicht nach Riga kommen und ver-
führten daher die mit Rigischem Gelde gekauften Waaren
an vorbenannte benachbarte Häfen. Der Umsatz der einkommenden und ausgehenden Waaren wurde dadurch
unendlich verringert und die Zollrevenüen der hohen Krone
beträchtlich geschwächet. Die Rigischen Bürger musten
ihre vorgeschossene Capitalia und den Genuss derselben
entbehren, weil in den jüdischen Obligationen der Zahlungs-
termin in Riga verschrieben war und sie deswegen an

---

[1] Ebräerakte 1766—1829 Bl. 6—7 im äusseren Rathsarchive I, 8. —
Schon unterm 26. November 1763 war vom Rathe eine Publikation erlassen worden (Rigische Anzeigen von 1763 S. 370), worin die hiesigen
Bürger, Kaufleute und Einwohner aufgefordert wurden, ihre Forderungen
an die Juden und Polen beim Wettgerichte anzugeben.

andern Orten kein Recht erhalten konnten, wodurch verschiedene Familien ohne ihr Verschulden an den Bettelstab
gerathen." Der Rath bittet daher, den in Kurland, Polen
und Litauen wohnenden Juden wieder zu gestatten, auf
eine kurze Zeit wegen des Handels nach Riga zu kommen.
Dadurch wird dem Handel und den Zolleinkünften „ein wirk-
licher Vortheil zuwachsen, den Einwohnern und christlichen
Kaufleuten aber nicht der geringste Eindrang geschehen."
Nach den städtischen Privilegien von 1593, 1597 und 1621
ist schon dafür gesorgt, dass die Juden durchaus kein be-
ständiges Domizil in Riga haben und sich in den vorgeschriebenen Schranken halten sollen. „Durch diese unabweichlich beobachtete Vorsichtigkeit haben die Juden die
Nahrung und das Gewerbe der Bürger und Eingebornen
nicht an sich reissen können und man hat bis zu ihrer Ver-
jagung in Liefland und Riga von allen den Klagen und
Beeinträchtigungen nichts gehöret, worüber die Städte in
Preussen der innerlichen Juden-Handlung wegen so sehr
seufzen. Die Juden dagegen haben bey dem ihnen vormals
erlaubten Handel in Riga ebenfalls ihre Rechnung gefunden.
Sie haben die zur Stadt gebrachte Waaren mit Vortheil
an die Rigischen Bürger verkaufen und die Retourwaaren
wieder von selbigen aus der ersten Hand erhandeln können.
Sie haben während ihres Aufenthalts in Riga allen Schutz
und Sicherheit genossen. Es ist ihnen eine besondere
Herberge in der Vorstadt vom Magistrat zur Wohnung angewiesen worden, und ihnen auch daselbst ihren Gottesdienst
nach jüdischen Gebräuchen zu halten vergönnet gewesen.
Sie sind mit keinen Auflagen beschweret gewesen, ausser
dass sie dem präsidirenden Bürgermeister für ihren ganzen
Aufenthalt nur 3 Rthl. Alb. zahlen müssen."

Dieses Gesuch gab wohl im Grossen und Ganzen die
Thatsachen zutreffend wieder, im Einzelnen aber verdeckte
es in beschönigender Weise die wahren inneren Zustände,
die aus dem Wettkampfe des Erwerbes zwischen Christen
und Juden früher zu Tage getreten waren. Doch die Sehn-
sucht nach den Juden war offenbar gross, und da kam es

nicht darauf an, das künftige Zusammenleben idyllischer zu
schildern, als sich ernstlich erwarten liess.

Wie aber, muss man wohl fragen, erklärt sich der
plötzliche Umschwung, der in den massgebenden Regie-
rungskreisen doch vorgegangen sein muss, wenn man die
Hoffnung hegen durfte, dass die vor 21 Jahren vertriebenen
Juden wieder ins Reich gelassen werden würden? Das hing
wohl folgendermassen zusammen: Die Kaiserin Katharina II.
hatte sich bald nach ihrer Thronbesteigung dazu entschlossen,
ausländische Kolonisten in ihr Reich, namentlich in den
Süden, zu berufen, um Handel, Gewerbe und Ackerbau zu
beleben, und errichtete zu diesem Zwecke durch den namentlichen Ukas an den Senat vom 22. Juni 1763 unter dem
Präsidium des Grafen Gregor Orlow die sogenannte „Tutel-
kanzellei" (канцелярія опекунства иностранныхъ). Im Stillen
bestand dabei die Absicht, auch die Juden wieder ins Reich
zu lassen, ihrer wurde aber in den öffentlich publizirten
Regierungsbefehlen zuvörderst nicht gedacht, erst viel
später, im November 1769, ergeht das erste Gesetz, das den
Juden ausdrücklich gestattet, sich im Süden Russlands, im
neureussischen Gouvernement niederzulassen.[1] Für uns gelangte diese Angelegenheit in Fluss durch ein Schreiben
der Kaiserin, das dem Generalgouverneur Browne am
29. April 1764 durch den Sekondmajor Rtischew überbracht
wurde.[2] Die Kaiserin schreibt: Wenn von der Tutel-

---

[1] Namentl. Ukas an den Kiewschen Generalgouverneur Wojeikow
vom 16. November 1769, Полное собраніе законовъ XVIII, 13383. —
Vergl.: И. Г. Оршанскій, Русское законодательство о евреяхъ, С.-Петер-
бургъ 1877, S. 247 f, wo berichtet wird, dass schon einige Tage nach
der Thronbesteigung der Kaiserin eine Senatssitzung stattfand, auf der
die Senatoren einstimmig die Zulassung der Juden als nützlich anerkannten,
Katharina jedoch mit Rücksicht auf die eigenhändige strenge Verfügung
der Kaiserin Elisabeth (S. 49) und die damalige schwierige politische
Lage dahin entschied, dass die Sache verschoben werde.

[2] Das Original im livl. Generalgouvernementsarchiv, abgedruckt in
dem von J. Tscheschichin herausgegebenen Сборникъ матеріаловъ и статей
по исторіи прибалтійскаго края, Bd. 4 S. 365. Die deutsche Nachschrift
mit dem Original verglichen.

kanzellei einige ausländische Kaufleute des neureussischen
Gouvernements empfohlen werden, so soll denselben erlaubt
sein, in Riga zu wohnen und einen ebensolchen Handel zu
treiben, wie es Kaufleuten anderer russischer Gouvernements
in Riga gesetzlich gestattet ist. Wenn ferner diese Kaufleute ihre Kommis, Bevollmächtigte und Arbeitsleute nach
Neurussland zur Ansiedelung abfertigen sollten, so sollen
ihnen, ohne Rücksicht auf ihre Religion, zur gefahrlosen
Reise Pässe ausgefertigt und eine entsprechende Begleitung
mitgegeben werden. Wenn endlich aus Mitau drei oder
vier Leute anlangen sollten, die nach St. Petersburg wegen
einiger Forderungen an die Krone reisen wollen, so sollen
ihnen Pässe ausgefertigt werden, ohne darin ihre Nation zu
erwähnen, auch soll keine Untersuchung über ihre Religion
angestellt werden, sondern es sollen in die Pässe nur ein-
fach ihre Namen gesetzt werden. Zu ihrer Legitimation
werden die Leute einen Brief des in St. Petersburg befindlichen Kaufmanns Lewin Wulff vorweisen.

Auf diesen Brief hatte die Kaiserin eigenhändig in
deutscher Sprache Folgendes hinzugeschrieben: „Wenn sie
mir nicht verstehen so wird es meine Schuld nicht seyn,
dieser Brief hat der President von der Protection Canzley
selber geschrieben halten Sie dieses alles geheim."

In dieser so geheim und mysteriös, unter ängstlicher
Vermeidung des Wortes Jude, eingeleiteten Weise hielt die
Kaiserin sich damals noch genöthigt, die Angelegenheit der
Ansiedlung der Juden in Russland zu betreiben. Der
Generalgouverneur Browne sandte sofort den Major Rtischew
mit einem geheimen Schreiben nach Mitau an den beim
herzoglichen Hofe akkreditirten russischen Minister Karl
v. Simolin und am 7. Mai kehrte Rtischew mit einem Briefe
Simolins und mit 7 Juden zurück, die von den Juden Bachr
und Sundel bis Riga begleitet wurden. Diese 7 Juden waren
der Rabbiner Israel Chaim und dessen Gehülfe Nathan
Abraham aus Birsen, sowie aus Mitau selbst die Kaufleute
David Levi, Moses Aaron und Israel Lasar, der Beschneider
Lasar Israel und der Arbeiter Jakob Markus. Sie wurden

am 9. Mai unter Begleitung von Rtischew nach Petersburg abgesandt, wobei der Generalgouverneur in seinem Berichte an die Kaiserin erklärte, er könne nicht dafür einstehen, dass die Sache geheim bliebe, weil die Juden hier offen angelangt seien und ihre Abreise, soweit man diese Nation kenne, nicht geheim gehalten werden würde.[1] Der von der Kaiserin erwähnte Ukas aus der Tutel-kanzellei langte auch bald darauf an, er war vom 25. Mai datirt und wurde dem Rigischen Rathe vom Generalgouverneur bei einem Schreiben vom 4. Juni zugefertigt.[2] Die Tutelkanzellei schrieb: Das neureussische Gouvernement soll mit Ausländern besiedelt werden. Um nun Leute aus dem Auslande dorthin zu transportiren, dazu sind die neu-reussischen Kaufleute David Levi Bamberg, Moses Aaron und Baehr Benjamin beauftragt und mit ihren Bedienten nach Riga gesandt worden. Zur Abfertigung aber der aus Riga reisenden Ausländer und erforderlichen Falls zur Hülfe auf dem Wege nach der Festung St. Elisabeth[3] ist der Major Rtischew beordert worden. Diese ganze Angelegenheit ist dem Aeltesten dieser Kaufleute Levi Wulff anvertraut worden, der berechtigt ist, an Stelle der genannten drei Personen Andere zu setzen. Da aber kraft des ergangenen Manifestes allen solchen Ausländern gestattet worden ist, in allen russischen Städten Handel zu treiben, so ist auch den erwähnten drei Kaufleuten erlaubt worden, den Handel so wie russische Unterthanen zu treiben.

Auch in diesem Ukase ist das Wort Jude ängstlich ver-mieden. Unter den genannten drei Juden finden sich zwei von denjenigen, die aus Mitau hier angelangt und am 9. Mai nach Petersburg befördert worden waren: David Levi (Bamberg) und Moses Aaron.[4] Wir können daher wohl mit Recht muth-

---

[1] Ebendort S. 366.
[2] RP vom 9. Juni 1764, Publica Bd. 158 S. 18—19. General-gouvernementliche Reskripte von 1764.
[3] Wohl die Festung Jelissawetgrad im Chersonschen Gouvernement.
[4] Auch den Kaufmann Israel Lasar aus Mitau, sowie Israel Hei-mann (der Rabbiner Israel Chaim) finden wir im Oktober und November

massen, dass wenn in diesem Ukase von Ausländern die Rede
ist, darunter in geringerem Masse etwa Juden aus Deutschland
gemeint gewesen sind, obgleich von solchen gelegentlich
einmal in der Folge die Rede ist, vornehmlich werden
darunter Juden aus Kurland oder Litauen verstanden gewesen sein, wie denn auch nach Kurland sich die Meisten,
die vor 20 und mehr Jahren Riga hatten verlassen müssen,
begeben haben dürften. Also man konnte sich darauf gefasst machen, den alten Bekannten sehr bald wieder in
Riga zu begegnen.

Es dauerte auch nicht lange, so hatten sich nicht blos
die drei Juden und deren Bediente, sondern auch viele
andere Juden hier eingefunden, von denen man bemerkt
hatte, dass sie ab- und zureisten, während sie doch blos
zum Transport nach dem neureussischen Gouvernement hier
durchreisen sollten. Die vom Rathe dagegen geäusserten
Bedenken wurden vom Generalgouverneur Browne getheilt,
und als sich einige Juden an ihn mit der Bitte um Pässe
zur Reise über die Grenze wandten, da verweigerte er
ihnen die Pässe unter Hinweis darauf, dass es ihnen nicht
gestattet wäre, von hier aus ab- und zuzureisen, sondern
dass sie blos hier durch nach dem neureussischen Gouvernement, als der ihnen zum Aufenthalte angewiesenen Gegend,
reisen dürften. Der Generalgouverneur nahm jedoch eine
Bittschrift der Juden an die Tutelkanzellei an und beförderte
dieselbe mit der Bitte um nähere Anweisungen, namentlich
auch darüber, wo die Juden hier wohnen dürften, ob auch
in der innern Stadt, weil dagegen der Rath, als zuwider
den frühern Verordnungen, Widerspruch erhoben hätte.[1]

Schon am 13. August konnte der Gerichtsvogt Schwartz,
dem Rathe berichten,[2] dass der Generalgouverneur von der
Kaiserin eine Antwort auf seine Unterlegung an die Tutel-

1765 in Riga, sie nannten sich „in St. Petersburg geschworne und privilegirte Juden", ferner den Rabbinergehilfen Nathan Abram, Publica Bd. 161
S. 179—80, 322—24.

[1] RP vom 28. Juli 1764, Publica Bd. 158 S. 155—59.
[2] RP vom 13. August 1764, Publica Bd. 158 S. 203—6.

kanzellei erhalten hätte, worin sich die Kaiserin dahin geäussert hätte, dass ihm, dem Generalgouverneur, die grossen Absichten, die sie hinsichtlich der Juden hätte, nicht unbekannt sein würden, weshalb man denn zur Beförderung dieser Absichten so wenig als möglich Hindernisse in den Weg legen müsste. Denjenigen, denen zur Besorgung des Transports hierselbst ein beständiger Aufenthalt gestattet worden, könne füglich nicht versagt werden, ihre Leute zur Einrichtung des Transports ab- und zuzuschicken. Auch müsste denjenigen Juden, die hier durch nach dem ihnen angewiesenen Gouvernement gingen, ein Aufenthalt von höchstens sechs Wochen erlaubt werden, damit sie sich hier sammeln und die Reise in Gesellschaft antreten könnten. Jedoch sollten Alle überhaupt nicht in der Stadt, sondern in der Vorstadt wohnen.

Ich habe diese ersten, 1764 begonnenen Verhandlungen ausführlich referirt, weil sie die Grundlage für den seit der Zeit ständigen Aufenthalt der Juden in Riga bilden. Sogleich sei es aber gesagt, dass die ganze Geschichte von dem Transport von Juden durch Riga behufs Ansiedelung in den von der Kaiserin geplanten südrussischen Kolonien den damit beauftragten Juden offenbar nur zum Vorwand gedient hatte, um hier einen ausgedehnten und ungestörten Handel treiben und sich für alle Zeit hier niederlassen zu können. Es wird in späterer Zeit wiederholt vom Rathe versichert, er habe nie etwas von einem eigentlichen Transporte bemerkt.

Die Juden waren nun also wieder da, und zwar in unkontrolirbarer Menge und zu einem Zwecke, der mit der Beförderung des polnischen Handels, wozu sie der Rath herbeigewünscht, offenbar nichts zu schaffen hatte. Es findet sich nämlich nirgends eine ausdrückliche kaiserliche Genehmigung, dass nunmehr alle Juden in Kurland, Polen und Litauen, wie nachgesucht worden war, zu Handelszwecken herkommen durften. Aber ihr Zuzug wurde, offenbar auf Grund von noch andern Instruktionen, die der Generalgouverneur erhalten hatte und die mir unbekannt geblieben sind,[1] gestattet, und damit war ja auch den Wünschen der Stadt Riga gedient. Sogleich trat dann aber für den Rath die Sorge auf, wie die Juden gemäss den früheren Einrichtungen in ihre Schranken verwiesen werden mochten. Schon gleich auf die erste Nachricht, Anfang Juni 1764, von der bevorstehenden Ankunft der drei Juden, nahm sich der Rath vor, die ehemals darüber bestandenen Verordnungen soviel wie möglich aufrecht zu halten, und als sich im August die Juden schon zahlreich eingefunden hatten und nach ihrem Belieben in Stadt und Vorstadt sich einquartierten, da wurde die sofortige Wiederaufrichtung einer Judenherberge mit Genehmigung des Generalgouverneurs beschlossen. Alle Ankommenden und Wegreisenden sollten, was gleichfalls von ihm genehmigt wurde, gehalten sein, sich auf dem Rathhause zu melden, damit man eine Kontrole über die von der Kaiserin auf höchstens sechs Wochen festgesetzte Zeit ihres Aufenthalts haben könnte. Endlich sollte vom Generalgouvernement Keinem ein Reisepass, ohne einen vom Rathhause erhaltenen Schein, ertheilt werden.[2]

Das Privileg, eine Judenherberge mit Ausschliessung aller Andern halten zu dürfen, wurde am 15. Dezember 1764 dem hiesigen Bürger Johann Benjamin Bencken und seinen Deszendenten auf 50 Jahre ertheilt. Er wurde verpflichtet, im zweiten Jahre — das erste sollte ein Freijahr sein — eine Rekognition von 5 Rthl. Alb., im dritten 10 Rthl., im vierten 20 Rthl., im fünften Jahre und so fort bis zum 50. Jahre je 30 Rthl. Alb. zu zahlen. Eine vom Landvogteigerichte, nach Anhörung der drei neureussischen Kaufleute, entworfene Taxe wurde am 14. Januar 1765 vom Rathe

---

[1] Es bedarf nur des Hinweises darauf, dass die Kaiserin vom 9. bis 15. Juli 1764 persönlich in Riga weilte und dass sich daher genügende Gelegenheit zu mündlichen Instruktionen an den Generalgouverneur Browne geboten hatte.

[2] RP vom 9. Juni, 13. und 20. August, 3. September 1764, Publica Bd. 158, S. 18—19, 203—6, 234—36, 280—81. Publikation des Raths vom 4. September 1764 in den Rigischen Anzeigen von 1764 S. 285.

bestätigt und es wurde sogleich eine Publikation erlassen, wodurch allen Einwohnern in Stadt und Vorstadt untersagt wurde, Juden weiterhin in ihren Häusern zu beherbergen, und worin sowohl den neureussischen Kaufleuten, als den ab- und zureisenden Juden auferlegt wurde, die Judenherberge binnen acht Tagen zu beziehen. Sie lag innerhalb der Vorstadt unweit der Johannispforte und bestand aus verschiedenen besonderen Häusern und kleinen Nebengebäuden.[1] Sehr bald hören wir dann von Beschwerden der Juden über die innere Einrichtung der Judenherberge und über die Taxe: Verschiedene deutsche Juden, so heisst es, hätten sich eingefunden, die mehr Bequemlichkeit, geräumigere Zimmer und bessere Betten verlangten. Diese Beschwerden erwiesen sich als grundlos. An Raum und Bequemlichkeit könne es nicht fehlen, berichtete der Rath dem Generalgouverneur am 18. Juni 1765, da der Judenwirth Bencken noch gegenwärtig 12 Zimmer, von denen fünf sehr anständig, geräumig und tapeziert seien, leer stehen habe. Ausserdem habe er jetzt noch ein Haus mit 16 Zimmern gebaut, das 13 Faden lang und zwei Stockwerke hoch sei und in wenigen Wochen bewohnbar sein werde. Ueber die Taxe vom Januar 1765, die übrigens auf Bitte von Bencken am 3. Juni geändert worden sei, habe sich bisher noch Niemand beschwert. Von den supplizirenden Juden habe Keiner bei Bencken gewohnt, ihre wahre Absicht sei klar, sie wollten garnicht in die Herberge ziehen, sondern sich hier versteckt in andern Häusern aufhalten, um allerhand Unterschleife, Betrügereien und Durchstechereien desto sicherer begehen zu können.[2]

Von der Verpflichtung, in die Judenherberge zu ziehen, nahm der Generalgouverneur Browne bereits im Januar

---

[1] RP vom 15. Dezember 1764 und 14. Januar 1765, Publica Bd. 159 S. 164—66, 235—38. Publikation des Raths vom 15. Januar 1765 in den Rigischen Anzeigen von 1765 S. 16.

[2] RP vom 3. und 15. Juni 1765, Publica Bd 160 S. 260—62, 299—300. Die Taxe vom 3. Juni 1765 ist abgedruckt als Beilage 5.

1765 die Juden David Bamberger, Moses Aaron und Lewin
Wulff, sowie die bei ihnen befindlichen neureussischen
Kaufleute und Bedienten aus, und im Oktober 1765 übersandte er eine namentliche Liste der Juden, denen es gestattet sei, ausserhalb der Judenherberge zu wohnen, mit
dem Bemerken, dass, wer andere Juden bei sich halte oder
zur Nacht beherberge, eine Strafe von 100 Rubeln für jede
Person zahlen solle. Diese Liste wurde am 1. November
durch eine vollständigere Liste ersetzt. Es handelt sich
immer nur um drei Juden und deren Hausgenossen, an
Stelle des anfangs genannten dritten Juden Baehr Benjamin,
der übrigens noch in der Liste vom Oktober vorkommt,
war der Hauptarrangeur der Judentransporte Lewin Wulff
getreten. Der Hausstand von Wulff bestand aus 17, der
von Bamberger aus 13 und der von Aaron aus 6 Personen,
im Ganzen 36 Personen. Ein Wechsel im Hausstande sollte
nur mit Vorwissen des Generalgouverneurs vorgenommen
werden dürfen.[1]

Das Tempo, mit dem sich die privilegirten Juden vermehrt haben, ist nicht ganz gering: aus drei Juden mit ihren
Bedienten im Juni 1764 sind schon 36 im November 1765
geworden. Mit der Feststellung der zum Aufenthalt hier
berechtigten Juden ging Hand in Hand die Ausweisung der
unberechtigten, derjenigen „von schlechter Beschaffenheit"
und derjenigen, die sich hier müssig herumtrieben. Würden
sie, so hiess es, nachweisen können, dass sie Kaufmanns-
waaren (Flachs, Hanf u. a.) zur Beförderung des polnischen
Handels herbringen wollten, so würde man ihnen mit ihren
Familien das Herkommen nicht verweigern, nur müssten
sie wieder nach Verkauf ihrer Waaren wegziehen.[2]

Besonders wichtig für die ganze Judenfrage war ein
Gesuch, das Benjamin Baehr, Faktor der polnischen, litaui-

---

[1] RP vom 19. Januar, 19. Oktober und 2. November 1765, Publica
Bd. 159 S. 252—54, Bd. 161 S. 179—80, 247—49. Generalgouvernementliche Reskripte von 1765.

[2] RP vom 26. Juli und 19. Dezember 1765, Publica Bd. 160
S. 382—83, Bd. 162 S. 23—25.

schen und kurländischen Juden, wie er sich nannte, im
September 1765 an die Kaiserin richtete. Die Kaiserin
hatte ihm im März 1765 gestattet, dass seine mit polnischen
Produkten nach Riga abgehenden Fahrzeuge, ebenso wie
es den Polen, Litauern und Kurländern erlaubt ist, nämlich
ohne Erlegung eines Zolles, passiren dürfen, ausgenommen
allein die Kramwaaren.[1] Darauf gestützt, hatte er sich mit
einem neuen Gesuch an die Kaiserin gewandt. Sie sandte diese
Supplik an den Generalgouverneur Browne mit dem eigenhändig unterschriebenen Befehl, er solle untersuchen, ob
der Rath in seinen Privilegien ein Recht habe, solche Leute
zu drücken, die in Riga den Handel zum Nutzen des Reiches
zu erweitern anfangen, die Supplikanten sollten ungesäumt
zufriedengestellt und geschützt werden. Wenn aber eine
genauere Verordnung zur Beförderung des ganzen polnischen
Handels nöthig sein sollte, so sollte der Generalgouverneur
sein Sentiment der Kaiserin übergeben.[2]

Der Rath stattete am 22. November eine ausführliche
Erklärung an den Generalgouverneur ab.[3] Die Baehrschen
Beschwerdepunkte betrafen:

1. Das Geleitgeld von 3 Rthl. Alb. (2 Rthl. für den
wortführenden Bürgermeister, 1 Rthl. für den Diener).

Der Rath erklärte, dass diese Abgabe auf alter Gewohnheit beruhe und in Deutschland gewöhnlich erhoben würde.
Uebrigens wäre es nicht wahr, dass seit der Zeit, wo die
Juden wieder hier handeln dürfen, diese Abgabe erhoben
worden sei. Der Rath hätte zwar beabsichtigt, die alte Abgabe wieder zu erheben und solches auch durch Publikation
vom 16. April 1765 angeordnet, weil aber der Generalgouverneur gerathen hätte, davon Abstand zu nehmen, bis
höheren Orts eine Verfügung gemacht werde, so sei diese
Publikation am 25. April durch eine andere, vom General-

---

[1] Generalgouvernementliche Reskripte von 1765 Bd. 1: Reskript
des Generalgouverneurs Browne vom 30. März 1765 Nr. 909 nebst Abschrift
des kaiserlichen Befehls vom 22. März 1765.

[2] RP vom 14. Oktober 1765, Publica Bd. 161 S. 167.–69.

[3] Aulica Bd. 65 S. 80—112 und Konzept.

gouverneur gebilligte ersetzt worden.[1] Baehr selbst hätte
sich darüber beschwert, dass die Juden bald von dem ihretwegen hierher kommandirten Major, bald vom hiesigen Platz-
major, bald von der Generalgouvernementskanzellei ab-
hängen sollten, folglich hin und hergehudelt und geschleppt
würden, und gebeten, dass sie wie vorher unter des Raths
Jurisdiktion gegeben würden, auch sich freiwillig Namens
aller Juden zur Zahlung der 3 Rthl. erboten.

2. Den auf nur sechs Wochen festgesetzten Aufenthalt
der Juden.

Dagegen bemerkte der Rath: es sei bekannt, dass
die Juden zuerst die Freiheit, hierher zu kommen, von
der Kaiserin blos in der Absicht und auf ihr ausdrückliches
Engagement erhalten haben, in Neu-Servien eine Kolonie
einzurichten. Daher sei die Frist von sechs Wochen nicht
unbillig. Sollten sie ohne alle Zeitbestimmung hier ab- und
zureisen dürfen, so würden sie die wahre Absicht, nämlich
die Besetzung von Neu-Servien, gänzlich vereiteln, wie denn
bisher, soviel der Rath wisse, von hier aus noch fast kein
Transport von Juden dahin geschehen sei. Alles, was sie
vorbringen, um länger als sechs Wochen hier bleiben zu
dürfen, sei nur ein Blendwerk, wodurch sie sich einen
beständigen Aufenthalt zu erschleichen suchen, was dem
innern Handel und Gewerbe der Bürger zum grössten
Nachtheil gereichen würde.

3. Den Pass, den sie sogleich bei der Ankunft vom
Bürgermeister nehmen und stets bei sich führen müssten,
widrigenfalls sie in Haft und Strafe genommen würden.
Das würde, meinte der Rath, sehr nützlich sein, sei
aber nicht wahr, weil die betreffende Bestimmung am 25.
April geändert worden wäre.

4. Den Zwang, in der Judenherberge zu wohnen, wobei
Baehr zugleich um ein Privileg gebeten hatte, eine Judenherberge halten und Schenkerei betreiben zu dürfen.

---

[1] Die Publikation vom 16. April 1765 habe ich nicht gefunden,
die vom 25. April 1765 ist abgedruckt als Beilage 4.

Gegen das letztere bemerkte der Rath, dass das ein bürgerliches Vorrecht sei, für den Wohnungszwang aber trat er aus den schon häufig hervorgehobenen Gründen ein. 5. und 6. Das Verbot, Kramwaaren herzubringen und mit solchen, sowie mit alten Kleidern und Sachen zu handeln. Hinsichtlich des Kramwaarenhandels konnte sich der Rath auf den eigenhändigen Befehl der Kaiserin vom 22. März 1765 und hinsichtlich des Trödelhandels auf ein Reskript des Generalgouvernements, sowie auf die darnach erlassenen Publikationen berufen. [1]

Diese Erklärung sandte der Generalgouverneur an die Kaiserin mit seinem Sentiment und er konnte als Antwort darauf bereits am 16. Januar 1766 einen eigenhändig unterschriebenen kaiserlichen Befehl vom 9. Januar übersenden, worin die Kaiserin erklärte: der Rath hätte sich in Allem vollständig gerechtfertigt, es sei daher Baehr mit seiner Klage abzuweisen, nur allein das Recht, ein Schutzgeld zu erheben, wollte die Kaiserin nicht gelten lassen, sie hielt es für eine eigenwillige Verordnung, die in Fortfall zu kommen habe. [2]

Der Rath beschloss nunmehr, auf Grund seiner von der Kaiserin gebilligten Rechtfertigung eine ausführliche Verordnung für die Juden entwerfen zu lassen, und beauftragte damit den Oberlandvogt Bürgermeister Stoever. Schon am 8. Februar 1766 legte Stoever die Entwürfe dieser Verordnung und einer Instruktion für den Judenwirth dem Rathe vor, der seine Bestätigung aussprach und hinterher die Genehmigung des Generalgouverneurs erwirkte. Die Verordnung und Instruktion vom 8. Februar 1766 wurden nebst der Taxe vom 3. Juni 1765 zum Druck befördert. [3]

---

[1] RP vom 11. und 15. April 1765, Publica Bd. 160 S. 69—73, 94—97. — Beilage 4.

[2] RP vom 18. Januar 1766, Publica Bd. 162 S. 23—25, Generalgouvernementliche Reskripte von 1766. Der kaiserliche Brief vom 9. Januar 1766 ist abgedruckt als Beilage 6.

[3] RP vom 8. Februar 1766, Publica Bd. 162 S. 197—98. Die Drucke der Verordnung und der Taxe sind noch häufig anzutreffen, die Instruk-

Diese aus 14 Punkten bestehenden Verordnung von 1766 bildete für lange Zeit die Grundlage für das Recht der Juden in Riga. Besonders wichtig sind die Punkte 5, 13 und 11: Unter Hinweis auf einen eigenhändigen Befehl der Kaiserin,[1] wodurch den Juden erlaubt worden sei, nach Riga zu kommen und hier Handel zu treiben, um den auswärtigen Handel und besonders den Handel mit Polen, Litauen und Kurland zu befördern, wird den Juden zwar vergönnt, Getreide, Saaten, Hanf, Flachs, Honig, Talg, Leder und allerlei Holzwaaren frei nach Riga zu führen, jedoch wird ihnen gemäss der Wettordnung nur gestattet, diese Waaren an keinen Andern, als an einen Rigischen Bürger zu verkaufen, auch sollen sie sich nicht länger als sechs Wochen hier aufhalten dürfen. Da sie nur wegen des Handels herkommen dürfen, so wird ihnen untersagt, die den zünftigen Aemtern vorbehaltene Handwerksarbeit zu verfertigen oder zu verkaufen. Ausserdem enthielt die Instruktion das Verbot des Verkaufs von Kramwaaren, auch nicht zur Jahrmarktzeit, und das ausdrückliche Verbot des Trödelhandels, ferner das Gebot, sogleich nach der Ankunft sich beim Oberlandvogt zu melden und von ihm einen gedruckten Aufenthaltsschein zu erwirken, sowie die Judenherberge zu beziehen. Nur diejenigen, die dazu von der hohen Obrigkeit privilegirt sind und darüber Freibillete von der Landvogtei erhalten haben, dürfen Quartiere in der Vorstadt miethen, sonst ist es jedem Einwohner bei 100 Reichsthaler Strafe verboten, einem Juden Quartier zu geben. — Für Livland aber erliess das Generalgouvernement am 23. Januar 1766 ein Patent, wodurch die früheren Verordnungen,

---

tion ist dagegen höchst selten, ich habe sie bisher nur in zwei Exemplaren, im Kollektaneenbande des Landvogteigerichts im Stadtarchive, sowie in der Bibliothek der Gesellschaft für Geschichte u. Alterthumskunde gefunden. Die Verordnung und die Instruktion sind abgedruckt als Beilage 8 und 9.

[1] Einen solchen ausdrücklichen Befehl habe ich bisher nicht finden können, er findet sich nicht in der vollständigen Sammlung der Gesetze, auch nicht unter den Patenten der livl. Gouv.-Reg. Aber über die Absichten der Kaiserin, die sie deutlich in ihren Schreiben an Browne zu erkennen gegeben hatte, war man jedenfals unterrichtet.

dass Niemand im Lande die Juden hegen oder zu irgend welchen Diensten, namentlich nicht zum Brandweinbrennen, gebrauchen dürfe, in Erinnerung gebracht und aufs schärfste befohlen wurde, alle Juden innerhalb vier Wochen abzuschaffen.[1] Also kurz gefasst, nur wegen des Handels und nur sechs Wochen sollten sich die Juden in Riga aufhalten dürfen, ausgenommen allein die drei privilegirten neureussischen Kaufleute nebst deren Familien und sonstigem Anhang, in Allem 36 Personen. Das war das 1766 festgelegte Recht der Juden in Riga. Zwischen diesem Rechte und dem früheren bestand der grosse Unterschied, dass die Juden nunmehr unter kaiserlichem Schutze gesetzlich berechtigt waren, nach Riga zu kommen und sich dort vorübergehend aufzuhalten, während sie früher blos geduldet waren, mithin jederzeit nur von dem Wohlwollen der städtischen Obrigkeit abgehangen hatten. Es dauerte aber noch sehr lange, noch 75 Jahre, bis sich aus dem Rechte vorübergehenden Aufenthalts das gesetzlich festgestellte Recht auf einen beständigen Wohnsitz heraus bildete.

5. Die Bildung einer Judengemeinde in Riga und die Anschreibung der Juden zu Schlock im Jahre 1785.

Die 1764 unter dem Namen von neureussischen Kaufleuten hierher gezogenen drei Schutzjuden wurden nebst ihren Familien und sonstigem Anhange mehr als fünfzehn Jahre lang ungestört geduldet. Auch als im Sommer 1770 die Pest in Podolien ausgebrochen war und in Folge dessen alle Juden innerhalb dreier Tage mit Sack und Pack aus Riga ausgewiesen und während eines ganzen Jahres nicht zugelassen wurden, wurden die Neureussischen von dieser harten Massregel nicht betroffen.[2] Erst im Jahre 1780

---

[1] Abgedruckt als Beilage 7. Vergl. auch das Patent vom 31. December 1764.

[2] RP vom 14. September 1770 und 1. August 1771, Publica Bd. 174 S. 191—94, Bd. 175 S. 453—54. — Vergl. Оршанскій a. a. O. S. 250 f. und 374—79, wo auf Grund von „Восемнадцатый вѣкъ, сборникъ Бар-

drohte ihrem ferneren Aufenthalte eine ernstliche Gefahr. Der Generalgouverneur Browne war, unbekannt auf wessen Antrieb, darauf hingewiesen worden, dass seit 1765, wo gewissen namentlich genannten neureussischen Kaufleuten gestattet worden war, hier bis auf weiteren Befehl zu wohnen, weiter keine Verordnungen in Bezug auf dieselben eingegangen waren. Der damals angegebene Zweck, dass sie den Transport von Kolonisten nach Südrussland vermitteln sollten, war ganz in Vergessenheit gerathen, was um so eher geschehen konnte, als, wie bereits früher angedeutet, ein solcher Transport kaum jemals stattgefunden hatte. Browne wandte sich daher am 6. Juni 1780 an die Kanzellei des neureussischen Generalgouvernements mit der Anfrage, ob die neureussischen Juden Levi Wulff, David Bamberger, Moses Aaron, das waren die drei privilegirten Schutzjuden, sowie ausserdem Sundel Hirsch, Aaron Noa, Aaron Hirsch, Levin Moses und Jakob Gabriel dort nöthig seien und ob man sie dorthin senden sollte, da sie in Riga müssig wären und nicht die geringste Kronsabgabe zahlten. Die neureussische Generalgouvernementskanzellei antwortete unterm 18. August 1780, dass diese Juden keineswegs zur neureussischen Kaufmannschaft gehören und dass man sie dort garnicht nöthig habe. Auch äusserte sich der Rigische Rath auf eine Anfrage von Browne unterm 10. November dahin, dass diesen Juden, da sie den Zweck der ihnen 1765 Allerhöchst erlaubten Niederlassung, nämlich eine jüdische Kolonie in Neureussen zu gründen und die dahin Wandernden von hier aus zu transportiren, nicht erfüllt hätten, der fernere Aufenthalt ebensowenig zu gestatten wäre, wie allen übrigen, die sich nachher hier eingefunden und beständigen Verbleib genommen hätten. Sie wären hier nicht nur ganz

---

тенева," Bd. 3 S. 252—55, über die Vertreibung der Juden aus Riga auf Anordnung des Generalgouverneurs Browne, sowie über das Verlangen der Kaiserin berichtet wird, dass die Juden damals auch aus Kurland ausgewiesen werden sollten. Es wird dort ein Gesuch des Rigischen Juden Benjamin Speer an die Kaiserin abgedruckt, worin er sich besonders dafür verwendet, dass sein Verwandter Benjamin Bachr nicht aus Mitau verwiesen werde, was auch von Erfolg begleitet war.

überflüssig, sondern sogar nachtheilig, weil diese Familien, die sich in der kurzen Zeit auf eine Zahl von mehr als 100 Personen vermehrt hätten, nicht das Geringste an öffentlichen Abgaben zahlten, zum Theil auch so verarmt und verschuldet wären, dass sie ihre Gläubiger auf keine Weise befriedigen könnten, geschweige dass ihre Dürftigkeit schon Manche mehrmals dazu verleitet hätte, unerlaubten Dingen Vorschub zu leisten. In Folge dessen übersandte das livl. Generalgouvernement dem Rathe unterm 28. November eine Liste von elf namentlich genannten Juden mit dem Auftrage, dieselben nebst ihren Familiengliedern und Hausgenossen, im Ganzen 43 Personen, binnen 14 Tagen über die Grenze zu weisen, wobei zugleich bemerkt wurde, dass wegen der übrigen, in diese Liste nicht aufgenommenen Juden dem Senate eine Vorstellung gemacht werden solle.[1] In dieser Liste finden sich nicht die Namen der in der Liste vom 1. November 1765 aufgeführten drei Schutzjuden und deren Anhanges. Es scheint also, dass man sich scheute, auch diese ohne Weiteres auszuweisen, und so wurde denn, da auch in der Folge ihretwegen ein Senatsbefehl beim Rathe nicht einging, ihr Aufenthalt nicht nur bis auf Weiteres geduldet, 'sondern es führten sogar gewisse Streitigkeiten, die unter ihnen entstanden waren, zur Organisation einer sogenannten Schutzjudengemeinde, der zwar die hochobrigkeitliche Anerkennung fehlte, die aber immerhin ein so wichtiges Moment in der Geschichte der Juden in Riga bildet, dass auf den Anlass, der zu ihrer Begründung führte, zum besseren Verständniss der Sachlage näher eingegangen werden muss.

Die Streitigkeiten waren auf religiösem Gebiete entstanden. Wir hatten schon früher gelegentlich davon gehört, dass den Juden stets vergönnt gewesen war, ihren Gottesdienst nach jüdischen Gebräuchen in der Judenherberge zu

---

[1] RP vom 9. und 30. November 1780, Publica Bd. 190 S. 205, 267—68. Generalgouvernementsreskripte von 1780. Aulica Bd. 82 S. 203. Protokoll des Landvogteigerichts vom 1. Dezember 1780, Bd. 132 S. 238—42.

halten. Obgleich nun 1764, als die Juden wieder nach
Riga kommen durften, oder bald darauf, nirgend von einer
obrigkeitlichen Konzession zur Errichtung einer gottes-
dienstlichen Stätte die Rede ist, so lässt sich doch, bei dem
tief religiösen Zuge, der dieses Volk auszeichnet, mit
Sicherheit annehmen, dass sie sogleich auch an die Beschaf-
fung von Räumen zur Ausübung ihres Religionskultus gedacht haben werden. Diese Annahme wird durch eine
später überlieferte Nachricht bestätigt, dass der Judenwirth
Bencken ihnen gleich anfangs denjenigen Theil seines ausserhalb der Pallisaden unweit der Johannispforte belegenen
Hauses zu einer Synagoge eingeräumt hatte, wo ehemals
die Römisch-Katholischen ihren Gottesdienst gehalten hatten.
In der Folge, im September 1767, entstand zwischen den
hier beständig sich aufhaltenden Juden und den ab- und zureisenden Juden ein Streit, ob die Synagoge innerhalb oder
ausserhalb der Pallisaden, die die Vorstadt rings umgaben,
sein solle? Diesen Streit entschied der Generalgouverneur
Browne dahin, dass von nun an die Synagoge innerhalb
der Pallisaden in der Judenherberge und nirgendwo anders
gehalten werden solle. Diese Verfügung wurde aus dem
Grunde getroffen, um allen Unterschleifen, die bei Oeffnung
der Johannispforte zur Nachtzeit geschehen könnten, zu begegnen. In Folge dessen richtete Bencken in seiner innerhalb der Pallisaden belegenen Judenherberge die beiden
besten Zimmer, nachdem er eine Scheidewand hatte aus-
nehmen lassen, zur Synagoge ein. Sie war jedoch im Verhältnisse zu den früheren Räumen sehr klein und fasste
höchstens 30 Personen, während in der ehemaligen Synagoge wenigstens 400 Personen Platz gehabt hatten. Es war
aber innerhalb der Judenherberge kein Raum zum Bau
eines grösseren Gebäudes und so mussten sich denn die
Juden recht kümmerlich behelfen, zumal ihnen die 1769 verlautbarte Bitte um Verlegung der Synagoge oder Judenschule in die früheren Räume, eben wegen der zu befürchtenden Unterschleife, abgeschlagen wurde. Zum ersten
Mal erfahren wir auch 1769 von dem Amte eines „Vor-

stehers bei der jüdischen Synagoge". Er hiess Aaron Hirsch
und bat um die Erlaubniss, „mit hebräischen jüdischen geist-
lichen Büchern" einen Handel treiben zu dürfen, was ihm
aber mit der merkwürdigen Motivirung abgeschlagen wurde,
dass nur den mit Strusenwaaren und Flössen herabkommenden Juden freistehe, ihre Waaren hier zu verhandeln,
die hier eine Zeitlang sich aufhaltenden Juden aber auf
keinerlei Art einen Handel hier treiben dürfen.[1] Eine gewiss sehr engherzige und weit hergesuchte Begründung,
die als Zeichen für die geringe Toleranz gegenüber Anders-
gläubigen dienen kann, falls nicht der eigentliche un-
ausgesprochene Grund der Ablehnung in der Befürchtung des Missbrauchs der zu ertheilenden Handelsbe-
rechtigung lag.

Ausser dem Amte eines Vorstehers der Synagoge oder,
was wohl identisch ist, eines „Aeltesten der hiesigen Judenschaft" begegnen uns gelegentlich die mehr oder weniger
mit dem Gottesdienste und den religiösen Gebräuchen im
Zusammenhange stehenden Aemter eines Rabbi, eines
Schlachters und eines Todtengräbers.[2] Einen hässlichen
Zug werden wir gewahr, wenn wir 1771 von einer Supplik
des privilegirten Schutzjuden David Levi Bamberger erfahren, der den Generalgouverneur darauf aufmerksam machte,
dass es im Widerspruch zur Verordnung von 1766 hier
viele Juden gäbe, die „zum grösten Betrug und Nachtheil
der einheimischen Juden" unerlaubten Handel trieben, sowie
bei Uebergabe einer Liste der privilegirten Juden und derjenigen, die sie zu ihrem Gottesdienste benöthigten, darum
bat, dass allen übrigen das beständige Wohnen am Orte
verboten werde, ein Gesuch, das insofern von Erfolg begleitet war, als der Generalgouverneur dem Rathe die

---

[1] RP vom 17. September 1767, 22. Mai und 28. September 1769, Publica
Bd. 167 S. 330—31, Bd. 171 S. 372, Bd. 172 S. 240—41. Protokolle
des Landvogteigerichts vom 19. Juli und 18. September 1767 und 26. September 1769, Bd. 107 S. 442—43, Bd. 108 S. 96—97, Bd. 111 S. 433—36.
[2] RP vom 24. September 1770 und 19. Oktober 1771, Publica Bd. 174
S. 191—94, Bd. 176 S. 188—89.

Beobachtung der bestehenden Verordnung einschärfte.[1] Hässlich habe ich dieses Gesuch genannt, weil es vom Brodneide ausgegangen war und die doch nur auf sehr schwachen Füssen stehende, durch unbegründete Schliche errungene Duldung der privilegirten Juden zur Grundlage der Verfolgung der eigenen Glaubensgenossen machen wollte. Von nicht geringem Einflusse auf die Einreichung dieses Gesuches dürfte die persönliche Feindschaft gewesen sein, die zwischen dem Bittsteller Bamberger und dem bereits genannten Vorsteher Aaron Hirsch bestand. Bamberger hatte den Vorsteher Hirsch in seiner Liste der Schutzjuden nicht aufgeführt, mithin indirekt dessen Ausweisung beantragt, und hatte beim Generalgouvernement den aus Danzig gebürtigen Petschierstecher Raphael Wulff zum Vorsteher in Vorschlag gebracht. In Folge dessen kam es zu einem Streite, der vor dem Landvogteigerichte geführt wurde. Dem Aaron Hirsch wurde vorgeworfen, dass er den Juden vor sechs Jahren durch den Major (Rtischew), der ihn aus Deutschland verschrieben habe, als Vorsteher aufgedrungen worden sei. Er wäre seiner Profession nach Taschenspieler und gehörte aufs höchste in eine Klasse mit den Komödianten, ein solches Ehrenamt käme ihm mit nichten zu, übrigens wäre er ein herrschsüchtiger und zänkischer Mann. Er liesse beim Gottesdienste lange auf sich warten und, als man einmal nicht auf ihn gewartet, hätte er sich darüber so sehr ereifert, „dass er einen von ihrer Gemeine bis im 12. Stamm mit einem Buche am Kopfe geworfen, wodurch der Gottesdienst sehr gestöhret worden". Statt ein Friedensstifter zu sein, wäre er ein Friedensstörer und hätte sich durch seine Grobheiten eine unumschränkte Gewalt über alle Juden zu verschaffen gesucht.

Aaron Hirsch, für den eine grössere Zahl von polnischen Juden eingetreten war, nahm natürlich diese Thatsachen in Abrede, er hätte sich niemals, weder der deutschen, noch der polnischen Gemeine, aufgedrungen, sondern sie

---

[1] RP vom 19. Oktober 1771, Publica Bd. 176 S. 188—89. Generalgouvernementsreskripte von 1771.

hätten ihn aus eigener Bewegung verlangt und er habe
beiden Gemeinen sechs Jahre lang mit Ruhm und Ehre
vorgestanden. Dieser unerquickliche Streit wurde im November 1771 vom Rathe dahin entschieden, dass er beiden
Kandidaten, Wulff und Hirsch, das Vorsteheramt bei der
Judenschule übertrug und insbesondere dem Aaron Hirsch
wegen dieses Amtes gestattete, mit seiner Familie in Riga
zu verbleiben.[1] Die Feindschaft zwischen Hirsch und Bamberger, der offenbar damals . die Hauptrolle unter den
Schutzjuden spielte, dauerte jedoch fort. Im Juli 1778
finden wir Hirsch zwar noch „als Vorsteher der jüdischen
Kirche" erwähnt, im März 1780 bestreitet jedoch Bamberger,
dass Hirsch zu den hiesigen privilegirten Juden gehöre,
und im November 1780 finden wir ihn nebst zwei Söhnen
und einem bei ihm befindlichen jüdischen Schulmeister auf
der Liste derjenigen, deren Ausweisung erfolgen soll.[2]
    Im Oktober 1783 kommt es abermals zu einem Streite
wegen der Besetzung der Synagogenvorsteherämter. Vorsteher „der hiesigen privilegirten Schutzjudengemeine" —
es ist das erste Mal, dass dieser Name auftaucht — waren
damals Samuel Salomon und Jacob Wulf. Gegen diese
wandte sich nun die „anher handelnde neureussische und
polnische Judenschaft" mit einem Gesuche an den Generalgouverneur, zu gestatten, an Stelle dieser beiden, die in
Religionsübungen unerfahren seien, andere tüchtige Männer
zu wählen. Es wurden ihnen mancherlei Unordnungen und
Missbräuche vorgeworfen: Die Synagoge würde zu spät
zum Gebete aufgeschlossen, mit dem Paradiesapfel würde
der unerlaubteste Wucher getrieben, entgegen dem jüdischen
Gebrauche verwehre man fremden Sängern das Vorsingen
in der Synagoge, derjenige, der den Kauscher bereite, tränke

---

[1] Protokoll des Landvogteigerichts vom 1. November 1771, Bd. 116
S. 47—58. RP vom 4. November 1771, Publica Bd. 176 S. 232—35.
[2] RP vom 13. Juli 1778 und 23. März 1780, Publica Bd. 187 S.
41—42, Bd. 189 S. 286—87. Protokolle des Landvogteigerichts vom
26. März, 6. April und 1. Dezember 1780, Bd. 130 S. 214—25, 273—84,
Bd. 132 S. 238—42.

wider alles Gesetz selbst unkauschern Wein, diejenigen,
die auf Anstand und Ordnung halten sollten, kämen zuweilen betrunken in die Synagoge und veranlassten durch
ihr übles Betragen, dass zur Verhütung von Schlägereien
Wache vor der Synagogenthür gestellt werden müsse.
Zu einer Klarlegung dieser Beschuldigungen kam es
nicht. Das Landvogteigericht, das die Untersuchung führen
sollte und damals unter dem Präsidium des Bürgermeisters
Barber stand, beschloss, den häufig vor ihm verhandelten,
hauptsächlich die Religionsübungen betreffenden Streitigkeiten zwischen den fremden, hierher handelnden neureussischen und polnischen Juden und den hiesigen Schutzjuden
durch die Bestellung eines Aeltesten der Judengemeine,
an Stelle zweier Vorsteher, „nach dem Beispiel der mehrsten
Judengemeinen", ein Ende zu bereiten. Dieser Beschluss
wurde am 31. Oktober 1783 der gesammten Judenschaft
eröffnet. Es wurde dabei der Wunsch ausgesprochen, dass
das Band, das sie als Brüder und Bekenner eines Glaubens
vereinige, nach wie vor unzertrennlich bliebe. Durchaus
nöthig wäre es, dass der zu erwählende Aelteste ein Mitglied der hiesigen Schutzjudengemeine sei. Um die Wahl
vorzunehmen, würde das Gericht einige Wahlmänner sowohl
aus der hiesigen Judengemeine, als aus den fremden Juden
ernennen, wobei es sich die Bestätigung des Gewählten
vorbehielt. Sämmtliche vor Gericht erschienenen Juden
dankten für diese Fürsorge, worauf das Landvogteigericht
vier Wahlmänner aus den hiesigen Schutzjuden und drei
aus den fremden Juden ernannte. Der von den Wahl-
männern erwählte Schutzjude, der Juwelier[1] Salomon Peysack,
wurde am 20. November 1783 als Aeltester der Judengemeine bestätigt und erhielt vom Landvogteigerichte eine
ausführliche Instruktion.[2]

---

[1] RP vom 8. Mai und 4. September 1784, Publica Bd. 197 S. 279—85,
Bd. 198 S. 207—9.
[2] Protokolle des Landvogteigerichts vom 20., 22. und 31. Oktober
und 20. November 1783, Bd. 139 S. 17—19, 22—24, 59—61, 75—82. —
Die Instruktion ist abgedruckt als Beilage 11.

In dieser Instruktion wird der Aelteste das Haupt der ganzen sich zur hiesigen Synagoge haltenden Gemeine genannt, alle Jahre im Mai soll eine Neuwahl durch Wahlmänner in der bereits angedeuteten Weise stattfinden, seine hauptsächlichste Pflicht soll sein, auf die gehörige Beobachtung der jüdischen Religionsgebräuche zu halten, damit die anreisenden Juden in ihrem Gottesdienste auf keine Weise geirrt werden. Er soll mit Hinzuziehung von zwei Gelehrten oder auch von zwei andern verständigen Männern geringe Streitigkeiten zwischen Juden schlichten; wer damit nicht zufrieden ist, möge sich ans Landvogteigericht wenden. Durch den Aeltesten sollen künftig alle Verordnungen, die die Judenschaft angehen, publizirt werden. Er hat die Oberaufsicht über die Synagoge, über den Verkauf der Zeremonien, über die Beiträge zur Bezahlung des Paradiesapfels und über den Kauscherwein. Er hat darauf zu sehen, dass die Synagoge Morgens und Abends, wenn zur Thoröffnung und zum Thorschluss geläutet wird, zum Gebete geöffnet werde. Ohne seine Genehmigung darf kein fremder Rabbiner oder Kantor in der Synagoge vorbeten oder vorsingen. Er kann zwar nachlässige Schulbediente von ihrem Amte auf einige Wochen suspendiren, härtere Strafen aber dürfen ohne Genehmigung des Landvogteigerichts nicht verhängt werden. Er empfängt allmonatlich das durch den Umgang in den Büchsen gesammelte Geld und legt alle Jahr im Mai an zwei hiesige und zwei fremde Juden, die vom Landvogteigericht jedes Mal dazu ernannt werden, Rechenschaft über die Verwaltung der Kasse. — Die Wahl des Kantors, des Kantorsgehilfen und der Schulbedienten erfolgt durch vier hiesige und drei fremde Juden, der Schächter muss überdies das Zeugniss zweier Gelehrten über seine Amtstüchtigkeit beibringen. Erwähnt wird noch eine Todtenbrüderschaft und die Fürsorge für wirklich nothleidende Personen. Als Erkenntlichkeit für seine Mühwaltung soll der Aelteste alle vier Wochen sich unentgeltlich einer Zeremonie bedienen dürfen oder auch einen fremden Juden damit beehren können.

Wenn das Landvogteigericht geglaubt hatte, durch
diese Verordnung der Uneinigkeit ein Ziel gesetzt zu haben,
so hatte es sich getäuscht. Schuld daran mag gewesen
sein, dass das Gericht die Wahlmänner von sich aus erwählte, statt sie von der ganzen Judenschaft wählen zu
lassen. So vergingen denn kaum einige Wochen, als bereits
einige nicht als Wahlmänner bei der Wahl des Aeltesten
Salomon Peysack herangezogenen Schutzjuden, darunter
die beiden früheren Vorsteher Raphael Wulff und Samuel
Salomon sowie zwei Glieder der Familie Bamberger, die
neu eingesetzte Statthalterschaftsregierung um Vernichtung
der Wahl baten, sie wurden jedoch, nachdem der Rath eine
ausführliche Erklärung abgestattet hatte, durch Resolution
vom 29. Januar 1784 abgewiesen und angewiesen, den Salomon
Peysack als ihren Aeltesten anzuerkennen.[1] Die Feindschaft gegen Peysack dauerte jedoch fort, seine Gegner,
Raphael Wulff und Konsorten, hatten sogar erklärt, sie
würden, solange er der Gemeine und Synagoge vorstehen
werde, die Synagoge nicht betreten, sondern einen Privat-
gottesdienst halten, und im Zusammenhange damit steht
wohl auch das gleich darauf eingereichte Gesuch des
Petschierstechers Raphael Wulff, der nebst seiner Familie, an
Zahl 13 Personen, bis dahin in der Judenherberge gewohnt
hatte, um die Erlaubniss, in der Vorstadt ausserhalb der
Judenherberge wohnen zu dürfen.

Vergeblich waren die dagegen unter Berufung auf die
Verordnung von 1766 vorgebrachten Bedenken des Raths,
der das Recht, ausserhalb der Herberge wohnen zu dürfen,
auf die in der ersten Liste vom November 1765 verzeichneten Schutzjuden beschränkt, nicht aber auf andere dort
nicht genannte Personen ausgedehnt wissen wollte, die
Statthalterschaftsregierung entschied dahin, dass die Verordnung von 1766 sich nach Wort und Sinn nur auf die

---

1 RP vom 27. Dezember 1783, 15. Januar und 9. Februar 1784, Publica
Bd. 196 S. 187—88, 272—73, 370. Protokolle des Landvogteigerichts
vom 9. Januar und 29. Februar 1784, Bd. 139 S. 130, 200—1. Aulica
Bd. 86 Bl. 20b.

fremden, ab- und zureisenden Juden, nicht aber auf die privilegirten Schutzjuden beziehe, „die gleich andern civibus forensibus unter der Aufsicht der dazu verordneten Obrigkeit stehen". Diese judenfreundliche Richtung der Statthalterschaftsregierung äusserte sich auch dadurch, dass sie, gegen den Willen des Raths, mehreren Schutzjuden gestattete, einen Trödelhandel an öffentlichen, von der Stadt dazu anzuweisenden Orten zu treiben, mit der Einschränkung, dass das nur solchen Juden gestattet sei, die keine andere Profession treiben, was denn auch den Aeltesten Salomon Peysack veranlasste, sein Juweliergewerbe aufzugeben und sich dem vortheilhafteren Trödelgewerbe zuzuwenden.[1]

Die Bestrebungen der Mehrzahl der hiesigen Schutzjuden, eine eigene, dem Einflusse der fremden Juden entzogene Synagoge zu besitzen, hören auch in der Folge nicht auf. Bereits im April 1785 wenden sie sich wieder an den Rath mit der Bitte, ihnen zu gestatten, die hiesige Synagoge allein für sich miethen und die 60 Rthlr. betragende Miethe von sich aus zahlen zu dürfen, wobei sie sich erbieten, den ankommenden fremden Juden ohne Entgeld den Eintritt und freien Gottesdienst in ihrer Schule zu gestatten. Zugleich aber baten sie, sie von der Direktion eines Aeltesten zu befreien und sie bei ihrer früheren „Kirchenverfassung", nämlich unter der Aufsicht von zwei Vorstehern zu belassen.[2] Es scheint jedoch diese Bitte unberücksichtigt geblieben zu sein, denn wir hören nichts von einer darauf getroffenen Verfügung. Es traten auch andere, für die gesammte Judenschaft wichtige Veränderungen ein, die in der kommenden Zeit zweifellos das Interesse der Meisten in höherem Masse in Anspruch nahmen.

Durch eine zwischen Russland und Kurland am 10. Mai 1783 abgeschlossene Grenz- und Handlungskonvention war

[1] RP vom 8., 15., 18. März, 19. April, 8. Mai und 4. September 1784, Publica Bd. 197 S. 22—24, 59, 72—73, 208, 279—85, Bd. 198 S. 207—9. Aulica Bd. 86 Bl. 147—52. Ueber Peysack vergleiche noch RP vom 5. Mai 1785 und 18. März 1786, Publica Bd. 200 S. 50—51, Bd. 202 S. 309.
[2] RP vom 11. April 1785, Publica Bd. 200 S. 3—4.

das Kirchspiel Schlock nebst Dubbeln und Majorenhof mit
Livland vereinigt worden. Um diesen kleinen Landstrich
zu heben, wurden Allerhöchst besondere Verordnungen
erlassen. Die Kaiserin erhob in einem namentlichen Ukase
an den Senat vom 4. Februar 1785 den Flecken Schlock
zu einem Marktflecken und gestattete, dass sich daselbst
sowohl russische freie¦ Leute, als auch Ausländer ohne
Unterschied der Geburt und Religion niederlassen und in
die Bürgerschaft oder Kaufmannschaft einschreiben lassen
durften. Ausserdem wurden ausserordentliche Bewilli-
gungen gemacht, die zur Ansiedelung anlocken sollten: die
Bürger sollten zum Bau von 100 Häusern je 50 Rbl., ohne
zur Rückzahlung verpflichtet zu sein, ausgezahlt erhalten,
zur Anlage einer Schule und eines Armenhauses wurden
1000 Rthl. Alb. und zu deren Unterhalt jährlich 400 Rthl.
Alb. bewilligt, Weideländereien sollten abgemessen werden
und die Ausländer sollten auf drei Jahre von allen Abgaben
befreit sein.

Obwohl in diesem, durch das Patent der Rigischen
Statthalterschaftsregierung vom 10. März 1785 publizirten
Ukase der Juden mit keinem Worte besonders gedacht
wird, so kann, es doch nicht zweifelhaft sein, dass unter
„Ausländern ohne Unterschied der Geburt und Religion"
gerade die Juden, und zwar insbesondere die aus Kurland
gemeint waren. Ihnen wollte die Kaiserin nunmehr einen
Ort anweisen, wo sie sich fest und für immer ansiedeln
durften und die Rechte von Bürgern und Kaufleuten
geniessen konnten. Das geht klar aus einem, unter demselben
Datum, den 4. Februar 1785, an den Generalgouverneur
Graf Browne erlassenen, hier niemals publizirten, wohl aber
hinterher in die vollständige Gesetzsammlung¹ aufgenommenen namentlichen Ukas hervor. Dort heisst es: Hinsichtlich des Gesuchs der in Mitau lebenden hebräischen
Kaufleute, das sie dem wirklichen Geheimrath Graf Woronzow
in Riga übergeben haben, als er in Gemeinschaft mit dem

---

¹ XXII, 16146.

Geheimrath Fürsten Dolgoruki die dortigen Behörden revidirte,[1] und das ihre Zuschreibung zur russischen Kaufmannschaft des Marktfleckens Schlock betrifft, mit der Verpflichtung, die gesetzliche Kapitalrentensteuer zu zahlen, — haben Wir zu bemerken, dass Wir allen Ausländern ohne Unterschied der Nation und des Glaubens gestattet haben, sich in die Bürger- und Kaufmannschaft von Schlock einschreiben zu lassen, es steht demnach nichts im Wege, dass das Gesuch der hebräischen Kaufleute erfüllt werde.

Dieser Ukas hatte zur natürlichen Folge, dass viele Juden und namentlich solche, die zu Riga Handelsbeziehungen unterhielten oder dort aus andern Gründen einen dauernden Aufenthalt zwar erstrebt, aber nicht erreicht hatten, sich zu Schlock anschreiben liessen, um von dort aus leicht nach Riga gelangen zu können. Leider sind aber die Akten der Rigischen Statthalterschaftsregierung, die die Anschreibung vermittelte, sowie die Akten des Oekonomiedirekteurs, unter dessen Aufsicht diese Juden damals standen, vernichtet worden, sodass eine eingehende Aufklärung über die Vorgänge nur schwer zu erlangen sein dürfte.[2] Für die Geschichte der Rigischen Juden ist namentlich die Frage von Interesse, ob die Rigischen Schutzjuden schon damals, was wahrscheinlich ist,[3] sich sämmtlich zu Schlock anschreiben liessen.

Hand in Hand mit der Anschreibung in Schlock ging die Ausweisung derjenigen, die nicht zu den privilegirten Schutzjuden gehörten, aus Riga. Insbesondere wurde auch

---

[1] Das geschah im Juli 1784, am 5. Juli revidirten sie den Rath. Publica Bd. 198 S. 19—21, 37—40, 98, 125.

[2] Es ist möglich, dass im Archive der Stadt Schlock oder des livl. Kameralhofs oder der livl. Generalgouverneure noch Nachrichten darüber zu finden sind. Aus einem Reskripte des Rig. Kriegsgouverneurs Fürsten Lobanow-Rostowski an den Rath vom 11. April 1811 Nr. 746 (Ebräerakte 1766—1829 Bl. 101 - 4) geht hervor, dass nach dem Verzeichnisse des Kameralhofes vom Jahre 1805 in Schlock 89 Hebräer zur Kaufmannschaft und 44 zur Bürgerschaft angeschrieben sind.

[3] Unterlegung des Raths an die livl. Gouvernementsregierung vom 11. Oktober 1835 Nr. 4112 in der Akte des Rig. Raths Nr. 9 Vol. I (jetzt im Archive der Steuerverwaltung).

denjenigen Juden, die bereits im November 1780 ausgewiesen
werden sollten (S. 71), der Befehl der Statthalterschaftsregierung im Oktober 1785 eröffnet, binnen sechs Monaten
die Stadt bei Vermeidung von Zwangsmitteln zu verlassen.[1]
Ihre damaligen Versuche, eine Anschreibung in Riga selbst
zu erringen, waren erfolglos. Auf eine Beschwerde von
weissreussischen Juden über die seitens der Statthalterschaftsregierung verweigerte Anschreibung zur Rigischen Kaufmannschaft erkannte der Senat am 22. Mai 1786 dahin, dáss
diese Beschwerde abzuweisen sei, weil kein allerhöchster
Befehl vorhanden sei, der die Anschreibung, ausser zu den
Städten der weissreussischen Gouvernements, ausdrücklich
gestatte.[2]

6. Die Verordnung der Statthalterschaftsregierung von 1788 und die ferneren vergeblichen Versuche der Juden, die Anschreibung zur Stadt Riga zu erlangen (1800—1829).

Während der nun folgenden zehnjährigen Zeit, wo der
Rigische Rath in Folge Einführung der Statthalterschaftsver-
fassung aufgehoben war (8. Januar 1787 bis 1. Mai 1797), war
an Stelle des Landvogteigerichts das neu begründete Rigische Polizeiamt als erste Aufsichtsinstanz getreten. Wichtig
vor Allem ist aus dieser Zeit eine ausführliche Verordnung
für die Juden, die am 5. Juli 1788 von der Statthalterschaftsregierung erlassen wurde.[3] Sie bildet neben der Verordnung

---

[1] RP vom 6. Oktober 1785, Publica Bd. 201 S. 176—77.

[2] Befehl der Rig. Statthalterschaftsregierung an den Rigischen Rath
vom 18. Dezember 1786 Nr. 2879 nebst Abschrift des Senatsukases im
Stadtarchive: Befehle der Statthalterschaftsregierung von 1786 Bd. II,
auch Abschriften in der Ebräerakte von 1766—1829 Bl. 9—10.

[3] Befehl der Statthalterschaftsregierung an den Rigischen Stadt-
magistrat und an den sechsstimmigen Stadtrath vom 5. Juli 1788 Nr. 1628
und 1629, vergl. auch das Protokoll des Stadtmagistrats vom 11. Juli
1788 im Protokollbande II S. 944. — Der Befehl ist abgedruckt als
Beilage 13.

für die fremden Juden von 1766, die in ihren wesentlichen
Punkten unverändert gelassen wurde, die Grundlage für
die folgende Zeit und regelt insbesondere auch das in der
Verordnung von 1766 nicht berücksichtigte Rechtsverhältniss
der Rigischen Schutzjuden.

Nach dieser Verordnung sollen nur 15 namentlich genannte jüdische Familien, denen bisher auf Grund spezieller
allerhöchster Befehle oder auf Konzession der Regierung
„als Professionisten, von deren Profession allhie kein Amt
befindlich" oder zur Bedienung der Synagoge und zur Besorgung der Begräbnisse der Aufenthalt vergünstigt worden,
„bis auf fernerweite Verfügung" hier zum Aufenthalte geduldet werden (die sog. Rigischen Schutzjuden). Es waren
das meist die Nachkommen der 1764 hierher gezogenen
drei Schutzjuden Bamberger, Aaron und Wulff,[1] ausser ihnen
aber einige Personen und deren Familien, die für den
jüdischen Religionskultus nöthig waren, darunter Peysack
Berkowitz als Vorsänger und Schächter, muthmasslich der
Ahnherr der jetzt noch zahlreich in Riga verbreiteten
Familie Berkowitz,[2] ausserdem noch ein Schächter und
Kirchendiener, ein Krankenwächter und ein Todtengräber.
Alle übrigen Juden, die sich nur missbräuchlich hier eingefunden haben, sollen binnen sechs Wochen sich über die
Grenze begeben. Den Söhnen jener 15 Familien wird,
„weil sie gewissermaassen als hiesige zu betrachten sind",
bis auf künftige Anordnung der Verbleib mit den Ihrigen
bewilligt, auch wenn sie Auswärtige heirathen, die Töchter
aber, die Auswärtige heirathen, erlangen für ihre Männer nicht
das Recht, hier zu bleiben, sondern müssen ihnen in deren
Heimath folgen. Da der Missbrauch eingerissen war, dass
sich jede Familie einen Hauslehrer zum Unterricht der Kinder
hielt, unter welchem Vorwande nicht selten den fremden
Juden hier ein beständiger Aufenthalt verschafft worden

---

[1] Ueber die Familien Bamberger und Aaron vergl. das Protokoll des
Landvogteigerichts vom 18. September 1767 Bd. 108 S. 98.

[2] Ob auch hier noch Nachkommen der andern 14 Familien leben,
habe ich nicht feststellen können.

war, so soll die hebräische Gemeine[1] angehalten werden,
einen Schulmeister zum gemeinschaftlichen Unterrichte ihrer
Kinder anzustellen, alle bisher unter dem Namen von Hauslehrern hier weilende Juden aber sollen ausgewiesen werden.
Da sich weiter der Missbrauch eingeschlichen hat, dass
die zu Schlock angeschriebenen Juden sich hier fast das
ganze Jahr hindurch aufhalten, so soll ihnen künftig nur
gestattet werden, sich hier 3 bis höchstens 8 Tage aufzuhalten, es sei denn, dass sie mit ansehnlichen Partieen Waaren
herkämen, in welchem Falle ihnen, gleich den sonstigen
fremden, Grosshandel treibenden Juden, eine sechswöchentliche Frist gegeben werden soll. Sie dürfen aber, ebensowenig wie diese, ihre Familien mitbringen. Damit alle Verordnungen genau eingehalten würden, so soll aus der hiesigen Gemeine ein Aeltester bestellt werden, bei dem sich
jeder ankommende Jude melden und der ihnen darüber
eine Bescheinigung ausstellen soll, auch soll er das Einschleichen der sog. Bettel- oder Trödeljuden verhindern.
Im übrigen wurden die bestehenden Verordnungen über
das Wohnen in der Judenherberge, ausgenommen diejenigen,
denen das Wohnen ausserhalb der Herberge gestattet worden,
streng eingeschärft. Zum Aeltesten wurde auf Vorschlag
des Polizeiamts Moses Levi (Bamberger) ernannt.

Man hätte doch nun erwarten sollen, dass diese Verordnung von dauerndem Erfolge begleitet gewesen wäre.
Das geschah aber nicht, sie scheiterte an der Zähigkeit der
Juden und an der Nachsicht, die man ihnen gegenüber übte.
Die Zahl der ortsansässigen Juden wuchs von Jahr zu Jahr,
insbesondere die Schlockschen Ebräer wussten sich ein-
zunisteln, und es half nichts, dass die Verordnung wiederholt nachträglich eingeschärft wurde.[2]

[1] Seit dem Beginn der achtziger Jahre verschwindet allmälig das
Wort Jude aus den amtlichen Schriftstücken und es tritt an dessen Stelle
das Wort Hebräer oder Ebräer.

[2] Befehl der Statthalterschaftsregierung an das Polizeiamt vom 10.
Juli 1792 Nr. 1334, Journal des Polizeiamts vom 14. Juli 1792, Vol. II
S. 745—50.

Im Jahre 1800 machten die hiesigen Schutzjuden wiederum den Versuch, ihre Anschreibung zum Rigischen Kopfsteueroklad zu erringen. Von sämmtlichen hiesigen Instanzen abgewiesen, wandten sie sich mit einer Bittschrift an den Kaiser Paul. Nachdem der Ziviloberbefehlshaber Graf Peter von der Pahlen die Erklärung abgegeben hatte, dass das ohne Verletzung der der Stadt Riga wiedergegebenen Rechte und Privilegien nicht geschehen könne, wies auch der Kaiser im Januar 1801 das Gesuch ab.[1] Ohne Einfluss auf die Verhältnisse der hiesigen Juden blieb der durch das Patent der livl. Gouvernementsregierung vom 11. Februar 1805 publizirte, Allerhöchst am 9. Dezember 1804 bestätigte Doklad des Senats, enthaltend Anordnungen zur Verbesserung des Zustandes der Hebräer. Obwohl im § 13 dieser Verordnungen Livland nicht unter den 12 Gouvernements sich findet, wo ihnen der Aufenthalt erlaubt sein sollte, so wurden dennoch keine Massregeln ergriffen, um die Juden aus Riga definitiv zu entfernen, was doch geboten gewesen wäre, denn auch die hiesigen Schutzjuden sollten hier nur bis auf fernere Verfügung geduldet werden.

Vergeblich wandten sich auch die hiesigen Schutzjuden bei Gelegenheit des am 4. Juli 1810 gefeierten Säkularfestes an den Rath mit der Bitte, ihnen jeden erlaubten Erwerb unter gleichen Bedingungen wie anderen Bürgern zu gestatten, sowie ihren Söhnen die Anleitung zu geschickten Handwerkern geben zu dürfen. Um diesem Gesuche offenbar einen stärkeren Nachdruck zu geben, erschien zum Jubelfeste ein gedrucktes Gedicht,[2] in dem „die hiesige hebräische Gemeine an ihre christlichen Mitbürger" die Bitte richtete:

---

[1] RP vom 21. Mai, 6. Juni, 1. Oktober 1800 und 18. und 21. Januar 1801, Publica Bd. 8 S. 609—12, 704—5, Bd. 9 S. 346, Bd. 10 S 44—46. Ebräerakte von 1766 - 1829 Bl. 32—47, insbesondere das Schreiben des Staatssekretairs Grafen Pawel Kutaissow an Graf von der Pahlen vom 12. Januar 1801.

[2] Abgedruckt als Beilage 14.

„Gebt uns das Bruderrecht und Eure Freude
Wird, gross und reich, auch unsre Freude seyn.
Weg mit dem Hass! Weg mit dem scheelen Neide!
Er ist des süssen Menschenlebens Pein. —
Lasst uns, die alle Einen Himmel hoffen,
Auch Einer Erde gleiche Bürger seyn!
Heut ist ja jedes Herz der Liebe offen:
Schliesst unser Glück in Eure Liebe ein!

Dieser Appell war jedoch erfolglos. Der Rath wies
das Gesuch unter Hinweis darauf ab, dass durch den Allerhöchsten Gnadenbrief vom 15. September 1801 und durch
die Allerhöchste Resolution vom 8. Juni 1805 § 2 sämmtliche
Privilegien der Stadt bestätigt worden, worunter auch die den
hiesigen Zünften ausschliesslich gehörenden Rechte und Ver-
fassungen begriffen seien, nach denen zur Erlernung eines
Handwerks gewisse Requisiten erfordert würden, die den
Schutzjuden durchaus abgingen.[1]

Gefahrdrohend für die Juden schien ein Antrag werden
zu wollen, den der livl. Zivilgouverneur Wirkl. Staatsrath
Iwan Repjeff unterm 25. März 1811 Nr. 774 bei der livl.
Gouvernementsregierung stellte:[2] „Es halten sich“, so schrieb
er, „in der hiesigen Stadt und den Vorstädten eine so ungeheure Menge von Juden auf, dass es unglaublich ist, wie
sie von der hiesigen Stadtobrigkeit geduldet werden können,
da doch nach so mannigfaltigen Verordnungen und besonders nach dem Befehl der vormaligen Statthalterschaftsregierung vom 5. Juli 1788 der Zahl und dem Aufenthalte
derselben Klassen und Grenzen gesetzt worden sind, die
aber bei der jetzigen Behandlung der Sache in keiner Hinsicht befolgt werden.“ Es möge daher die livländische
Gouvernementsregierung dem Rigischen Rathe auftragen,
durch sämmtliche Polizeikommissaire der Stadt und Vorstadt
mit Hinzuziehung der Aeltesten der hiesigen Judengemeine
ein genaues namentliches Verzeichniss aller Juden anfertigen

---

[1] RP vom 10. August 1810, Publica 1810 Bd. II S. 108—10.
[2] Abschrift in der Ebräerakte von 1766—1829 Bl. 97—98.

zu lassen und ein Sentiment darüber abzugeben, wie der
übermässigen Anhäufung der Juden vorzubeugen sei. Dieser
Auftrag wurde dem Rath unterm 30. März 1811 Nr.
2563 ertheilt,[1] auch erhielt er einige Tage darauf ein Reskript des
Rigischen Kriegsgouverneurs Fürsten Lobanow-Rostowski,[2]
worin derselbe erklärt, es sei nach den bestehenden Verordnungen den Juden unter keinem Vorwande erlaubt, für
immer in Riga zu bleiben, namentlich da nach dem unterm
9. Dezember 1804 Allerhöchst bestätigten Doklad andere
Gouvernements zu deren Niederlassung bestimmt worden
seien, der Rath möge daher berichten, warum ihnen der
Aufenthalt in Riga gestattet werde, und ein namentliches
Verzeichniss einsenden.

Der Rath übersandte am 8. Mai 1811 die namentlichen
Listen und äusserte sich in seinem Gutachten wie folgt:[3]
Die Hauptursache, aus der es sehr schwer falle, die Stadt
von dem Andrange der Juden befreit zu halten, sei deren
1785 gestattete Anschreibung zum Flecken Schlock, der
bekanntlich aus nur wenigen Häusern bestehe und garkeinen
Erwerb für die Juden biete. Diejenigen Juden, die sich
dort hätten anschreiben lassen, wären offenbar nur durch
die Nähe von Riga dazu veranlasst worden. Zwar wäre
ihnen nach der Verordnung vom 5. Juli 1788 nur gestattet,
sich hier 3 oder höchstens 8 Tage aufzuhalten, aber sie
wüssten das zu umgehen und sich stets von Neuem die
Erlaubnissscheine vom Oekonomiedirektor zu erwirken.
Auch ständen sie dadurch, dass sie ihre Abgaben im hiesigen
Kameralhofe entrichten müssten, in steter Verbindung mit
Riga. Ja es habe der Kameralhof sogar mehrere Male den
Rath beauftragt, ihre rückständigen Kronsabgaben durch
die hiesige Polizei beizutreiben, und einmal, 1803, sogar den
Auftrag gegeben, die Wahl eines Aeltesten aus den zu
Schlock angeschriebenen Juden hier vorzunehmen, was

[1] Original ebendort Bl. 96 und 99.
[2] Reskript vom 11. April 1811 Nr. 746, ebendort Bl. 101—4.
[3] Ebräerakte von 1766—1829 Bl. 113—88.

jedoch abgelehnt worden sei.[1] Die Zahl der fremden Juden, denen ein nur sechswöchentlicher Aufenthalt gesetzlich gestattet sei, hätte sich in letzter Zeit namentlich aus dem Grunde vermehrt, weil in Folge des durch den Krieg unterbrochenen Handels ihre Waaren hier liegen geblieben seien, auch hätten sich Viele als Kronslieferanten und Kronshandwerker legitimirt. Endlich habe sich auch die Zahl der 15 Rigischen Schutzjudenfamilien seit 1788 bedeutend vermehrt, weil nicht nur deren Söhnen gleicher Schutz zugesichert worden sei, sondern weil sie auch unter mancherlei Vorwänden es zu erlangen gewusst hätten, ihre verheiratheten Töchter bei sich zu behalten. Man habe wohl deshalb vornehmlich Nachsicht üben müssen, weil die Juden nach ihrer Religion fast als Kinder heirathen, wo der Mann noch selten im Stande sei, seinem eigenen Erwerbe sogleich nachzugehen. Um der Vermehrung der Juden vorzubeugen, machte der Rath folgende Vorschläge:

1. wegen der Schlockschen Juden: es mögen vom Kameralhof durchaus keine Juden mehr zu Schlock angeschrieben und es möge ein Theil der Schlockschen Juden zu andern Gouvernements umgeschrieben, dem Rest aber möge, mit Rücksicht auf ihren bereits längere Zeit dauernden Aufenthalt in Riga, eine halbjährliche Frist zu ihrer gänzlichen Entfernung aus der Stadt gegeben werden.

2. wegen der Rigischen Schutzjuden: es mögen die nach 1788 geborenen, unverheiratheten Söhne von Rigischen Schutzjuden, wenn sie das 17. Jahr erreichten, verbunden sein, sich binnen 6 Wochen von hier zu entfernen und in die für Juden bestimmten Gouvernements zu begeben, die Töchter aber und die Wittwen von Rigischen Schutzjuden, die fremde Juden heirathen, mögen verpflichtet sein, mit ihren Männern sogleich wegzuziehen.

---

[1] RP vom 17. August und 2. September 1803, Publica S. 119 und 161.

3. wegen der fremden Juden: alle fremden Juden müssten in kürzester Frist, höchstens innerhalb 6 Wochen von hier entfernt und die bestehenden Verordnungen über ihren Aufenthalt streng eingehalten werden, auch müsste darauf gesehen werden, dass sie nur in Judenherbergen wohnen, Ausnahmen sollten nur in beschränkter Weise hinsichtlich der sogenannten gelehrten Juden gemacht werden, namentlich hinsichtlich der Mediziner.

Aus den namentlichen Verzeichnissen, die vom 22. bis 25. April 1811 datirt sind, geht folgende Tabelle hervor:

Stadt	Petersb. Vorstadt		Mosk. Vorstadt		Jens. d. Düna		Zus.
M. W.	M.	W.	M.	W.	M.	W.	
Rigische Schutzjuden	—	—	1	—	—	—	1
Schlocksche Kaufleute	1 2	1	4	14	13	—	—	35
Schlocksche Bürger	25 27	—	—	165	165	6	6	394
aus Kurland	4 2	2	1	44	55	10	4	122
aus Litauen etc.	5 —	1	—	70	50	11	8	145
Ausländer	4 3	3	3	—	—	—	—	13
unbestimmt woher	3 1	—	—	14	7	—	1	26
	42 35	7	8	308	290	27	19	736

Im Ganzen also 736 Juden, 384 männliche und 352 weibliche, von denen 429 zu Schlock verzeichnet waren. Leider hat sich das Verzeichniss der Rigischen Schutzjuden nicht erhalten;[1] bis auf einen, den 75 Jahre alten Samuel Moses Salomon, der, wie es hiess, seit 50 Jahren bereits in Riga lebte, waren sie alle zu Schlock verzeichnet.

---

[1] In der Ebräerakte von 1766—1829 findet sich auf Bl. 56 und 57 ein undatirtes namentliches „Verzeichniss von denen hier befindlichen Hebräern" zwischen Schriftstücken aus dem Jahre 1800 eingeheftet. Darin werden aufgeführt:

Schutzjuden	37 M.	35 W.
Schlocksche Angeschriebene	67 „	56 „
Die von Em. Edl. Polizeigericht Schein haben	32 „	34 „
Fremde	25 „	26 „
im Ganzen	161 M.	151 W.

zusammen 312 Personen.

Alle vom Rathe gemachten Vorschläge, und damit die
von dem Zivilgouverneur und Kriegsgouverneur anfänglich
so energisch betriebene Vertreibung der Juden, fielen jedoch
ins Wasser, zumal keine Resolution auf die vom Kriegs-
gouverneur Fürsten Lobanow an den Senat unterm 18. Juli
1811 gemachte Eingabe einging. Die livl. Gouvernements-
regierung sah sich nur nach zwei Jahren, unterm 29. Juli
1813, veranlasst, eine „Verordnung, nach der sich die in
der Gouvernementsstadt Riga befindenden oder dahin kommenden Ebräer zu richten haben", zu erlassen,[1] wodurch
die bisherigen Bestimmungen nicht nur im Wesentlichen
unverändert gelassen,[2] sondern sogar gegenüber den
Schlockschen Juden eine grössere Nachsicht geübt wurde.
Obwohl darin hervorgehoben wurde, dass die Schlockschen
Juden zu den fremden angereisten Juden zu zählen seien,
so wurde dennoch „jetzt in Hinsicht, dass mehrere derselben durch Vergünstigung und Nachsicht sich längere
Zeit hier aufgehalten und eingerichtet haben, und dass bei
dem dirigirenden Senate um eine Bestimmung gebeten
worden, wie es mit den Schlockschen Ebräern gehalten
werden solle, festgesetzt, dass diese sich bereits in Riga
eingerichteten Ebräer in ihren jetzigen Verhältnissen auf so
lange in Riga gelassen werden sollen, bis die erbetene
Bestimmung erfolgt ist, wo dann diese als Richtschnur eintritt. Unterdessen hat die Policeyverwaltung sorgfältigst
darüber zu wachen, dass nicht aufs neue Schlocksche Ebräer
sich hierselbst einrichten oder ansiedeln."

An den Rechtsverhältnissen der Rigischen Schutzjuden
und der Schlockschen Juden wurde auch nichts durch die
am 20. Juli 1817 und am 13. Dezember 1819 erlassenen
Patente der livl. Gouvernementsregierung geändert, die

---

[1] Auch im Drucke bei J. C. D. Müller erschienen. Abgedruckt als
Beilage 15.

[2] Eine bemerkenswerthe Abänderung war, dass als Wirthe der beiden
für die fremden Juden in der Moskauschen Vorstadt und jenseits der Düna
zu errichtenden Herbergen nur Juden zugelassen werden sollen, wogegen
die grosse Gilde vergeblich protestirte (Protokoll des Raths vom 15.
März 1815).

Verordnungen für die nach Livland und Riga angereisten Juden enthielten und u. A. das Gesetz vom J. 1805 einschärften, wonach ihnen hier nur gestattet werden dürfe, in deutschen Kleidern zu gehen.

Ein bei der Regierung im Februar 1819 eingereichtes Gesuch der Schlockschen Hebräergemeine, durch ihren Bevollmächtigten Keilmann, um die Erlaubniss, sich in Riga ansässig machen zu dürfen, gab dem Rathe die Veranlassung,[1] sich unter Hinweis auf die bestehenden, die Ansiedelung der Juden in Riga verbietenden Gesetze ausführlicher über den schädlichen Einfluss der Juden zu äussern und um die volle Anwendung der Gesetze zu bitten.

„Die Erfahrung", so schrieb der Rath, „besonders in den letzten Zeiten, hat überall bewiesen, dass jede Vernachlässigung in der Beobachtung dieser heilsamen Gesetze dieser Stadt den fühlbarsten Schaden bringt und deren Moralität und Wohlstand in einem sehr hohen Grade bedroht. Die schädliche Einwirkung der sich hier unter allerley Vorwänden im Widerspruche der klarsten Gesetze täglich anhäufenden Ebräer wird in allen erwerbenden Klassen, von der ersten bis zur letzten, sichtbar. Die in Weissrussland eigentlich wohnhaften und dort angeschriebenen Ebräer, welche eigentlich nur, um ihre hergebrachte Produkte zu verkaufen, höchstens 6 Wochen hier bleiben dürften, verlängern ihren Aufenthalt durch allerhand widergesetzliche Mittel, und die häufig darüber stattfindenden gerichtlichen Untersuchungen weisen aus, dass sie oft, statt Waaren herunterzubringen, Contrakte auf Lieferung machen und die Waaren erst am hiesigen Ort insgeheim aufkaufen und hiesige geringere Einwohner . . . durch allerley Mittel zur Pflichtvergessenheit zu verführen bemüht sind. Es ist ferner

---

1 Unterlegung vom 14. März 1819 Nr. 894 an den Zivilgouverneur Du Hamel, Ebräerakte von 1766—1829 Bl. 270—73. Vergleiche auch die Unterlegung des Raths an die Gouvernementsregierung vom 28. August 1825 Nr. 3294 und an den Finanzminister Kankrin vom 28. August 1825 Nr. 3290, ebendort Bl. 341—55, sowie das Sentiment des Wettgerichts über die Handelsverhältnisse der Ebräer in Riga vom 5. März 1829, ebendort Bl. 387—99.

durch die neueren Handelsgesetze eine vervielfältigte Aufsicht auf das handelnde Publikum nöthig geworden, und
diese ist nicht anders ausführbar, als durch die Mitwirkung
der beeidigten Mäkler, denen es zur Pflicht gemacht wird,
kein Geschäft als in gesetzlicher Art abzuschliessen. Die
Ebräer aber, die unaufhörlich bemüht sind, an der Börse
die Mäkler zu machen, obgleich ihnen dieses auf das strengste
verboten ist, öffnen alle Gelegenheit zu widergesetzlichem
Verkehr und dienen denjenigen aus dem handelnden Publikum, welche die Verordnungen zu umgehen suchen, zu
beständiger Anreizung und Aushülfe. Ebenso treten sie
dem Bürger und Handwerker ... bey den meisten Professions-
arbeiten in den Weg und nehmen ihm den Erwerb, den die
Gesetze ihm zusichern, ohne dem Publikum weder durch
ihre Person nüzlich zu werden, noch für das, was ihnen
anvertraut werden möchte, eine gehörige Gewähr zu leisten.
Der geringe Mann ist, wie die täglichen gerichtlichen Untersuchungen ausweisen, beständig ihrem betrügerischen Klein-
handel und Uebervortheilungen besonders dadurch ausgesetzt, dass sie ihn beständig überreden, ihre geringe Hab-
seligkeiten durch ihre Vermittelung vortheilhaft zu Gelde
zu machen, und sie dann zum öftern um den wahren Werth
und auch um die Sache selbst betrügen, wobey sie des
Vortheils geniessen, dass keine Execution und Auspfändung
gegen sie vorgenommen werden kann, weil sie troz allen
ihren Unrechtlichkeiten gewöhnlich entweder nichts besitzen
oder ihre Habe sehr geschickt zu verbergen wissen. Endlich
kann es nicht übersehen werden, dass, wie die Akten des
Criminalgerichts genügend bezeugen, bey allen Untersuchungen, die wegen Vertriebes von Contrebande stattfinden, die Ebräer immer und überall als die vornehmsten
Theilnehmer an der Contrebande und als diejenigen Helfers-
helfer erscheinen, durch deren Bemühungen diese Wider-
gesetzlichkeiten überhaupt ausgeführt werden, indem sie
durch ihre zahlreichen Verbindungen in Kurland und Litthauen alle Mittel aufbieten, um diesen strafbaren Verkehr,
der hauptsächlich ihrer jezzigen grossen Anhäufung in Riga

zum geheimen Grunde dient, so sehr als möglich auszu-
dehnen. Man kann sich auch der Ueberzeugung nicht verwehren, dass mit diesem, auf die frechste Verletzung der
Staatsvorschriften berechneten Umtrieben der Ebräer auch
die grosse Unsicherheit des persönlichen Eigenthums durch
in gleichem Maasse mit dem widergesezlich verlängerten
und vermehrten Aufenthalt der Hebräer auf das beunruhi-
gendste vermehrten Diebstählen, und die Unmöglichkeit,
das Gestohlne zu entdekken, welches besonders in den
lezten Jahren jeden Einwohner in Besorgniss sezt, in Verbindung stehen müsse."

Diese eindringliche Vorstellung mag denn auch dazu
beigetragen haben, dass dem Gesuche der Juden um Ver-
leihung von grösseren Rechten keine Folge gegeben wurde.
Obwohl nun, wie bereits erwähnt, in kürzeren Zeiträumen,
1813, 1817 und 1819, immer wieder Verordnungen erlassen
worden waren, die die Rechtsverhältnisse der Juden regeln
sollten, so gelangte doch die livl. Gouvernementsregierung
im Jahre 1822 „in Folge der von allen Gewerbsständen
erhobenen Klage über den immer mehr sich vergrössernden
und dreister werdenden Eindrang der Ebräer" zu der Ueberzeugung, „dass diese Folge lediglich der mangelhaften Anwendung der emanirten Verordnungen zuzumessen war."
Um nun die Anwendung derselben zu erleichtern, erliess sie
mittels Patents vom 29. Dezember 1822 eine Verordnung,[1]
in der nicht nur alle bisherigen Gesetze und Vorschriften
zusammengefasst waren, sondern die auch einige ergänzende
neue Bestimmungen erhielt, und schärfte deren unabweichliche Befolgung allen Behörden des Gouvernements ein.

Man hätte nun bei der vorliegenden Absicht, dem Andrange der Juden zu wehren, erwarten sollen, dass die früher
erlassenen, jedenfalls schärferen Verordnungen in dieser
neuen Verordnung wieder hergestellt sein würden, das war
aber nicht geschehen. Es wurden ausdrücklich zum bleibenden Aufenthalte in Riga als berechtigt anerkannt die

---

[1] Abgedruckt als Beilage 16.

15 Familien der Rigischen Schutzjuden, deren Frauen und
Deszendenten, soweit die Söhne sich nicht von Riga wegbegeben und die Töchter nicht Fremde heirathen, sowie die
zu Schlock angeschriebenen, seit 1813 in Riga wohnhaften
Juden, „sofern nicht wegen dieser Ebräer auf die Einem
dirigirenden Senate gemachte Vorstellung eine anderweitige
Anordnung erfolgen sollte." In Folge eines Gesuchs der
kleinen Gilde, die sich durch den, auf Grund der neuerlas-
senen Verordnung in höherem Masse befürchteten Eindrang
der Schlockschen Juden in das Handwerk geschädigt sah,
wandte sich nunmehr der Rath an den Generalgouverneur
Marquis Paulucci mit der Bitte, die seit dem Jahre 1811 aus-
stehende Entscheidung des Senats hinsichtlich des Aufenthalts der Juden und namentlich der Stellung der Schlockschen Juden in Riga herbeiführen zu wollen. Eine Antwort
erlangte der Rath erst im August 1825.[1] Der ehemalige
Kriegsgouverneur von Riga, nunmehrige Justizminister Fürst
Lobanow hatte dem Generalgouverneur mitgetheilt, dass die
von den Juden in Riga über angebliche Bedrückungen eingereichte Beschwerde ihren Instanzenweg durch die Ministerien
gegangen und durch einen Allerhöchst am 18. Oktober
1821 bestätigten Ministerkomitébeschluss bereits entschieden
worden sei. In diesem Beschlusse wurde ausgesprochen,
dass, wenn auch die von Polen erworbenen Gouvernements
durch die Juden und deren immer zunehmende Zahl immer
mehr zu Grunde gerichtet würden, die Regierung unmöglich
gestatten könne, dass solches zuwider den von Alters her
existirenden Gesetzen, nicht nur durch irgend einige direkte
Anordnungen, sondern selbst durch Nachsicht auf diejenigen
Gouvernements ausgedehnt werde, in denen diesen schädlichen Leuten untersagt ist, sich niederzulassen. Der Kaiser
Alexander hatte eigenhändig darauf geschrieben: „Ich halte es
für nützlicher, in den Rigischen Anordnungen keine Abän-
derungen zu treffen." Durch diese Allerhöchste Resolution
waren denn auch alle von der livl. Gouvernementsregierung

---

[1] Ebräerakte von 1766—1829 Bl. 297—310, 356—71.

1813 und 1817 erlassenen Verordnungen, auf die ausdrücklich
Bezug genommen wird, gebilligt worden und es blieb die
ganze Frage wegen der Schlockschen Juden ganz unent-
schieden, weil eine besondere Verordnung ihretwegen nicht
erlassen wurde. Das einzig Abweichende lag darin, dass
das Ministerkomité gemeint hatte, dass man den Juden den
Zwang, deutsche Kleider zu tragen, erlassen könne, da sie
selbst in der Residenz (entgegen den bestehenden Gesetzen)
in ihrer gewöhnlichen Kleidung geduldet würden.
Auch die 1827 im Ministerkomité begonnenen Be-
rathungen wegen Verminderung der Juden in Livland führten
zu keinem Resultat. Marquis Paulucci hatte die Erklärung
abgegeben, dass die bereits darüber bestehenden Verordnungen vollkommen genügten und neue Massregeln nicht
erforderlich seien. In Folge dessen waren durch einen
am 2. April 1829 Allerhöchst bestätigten Ministerkomitébeschluss die bisher in Livland bestehenden Verordnungen
in Kraft erhalten und bestätigt worden.[1]

7. Das Reichsgesetz über die Juden von 1835 und die Begründung der Rigischen Hebräergemeinde im J. 1842.

Die Judenfrage gerieth in neuen Fluss durch die am
13. April 1835 Allerhöchst bestätigte „Verordnung über die
Hebräer". Hinsichtlich der Juden in Kur- und Livland
lautete die Verordnung so:

§ 4 p. 8: in dem Gouvernement Kurland wird nur den
Hebräern ein bleibender Wohnort gestattet,
welche bis hiezu dort bei der Revision mit
ihren Familien angeschrieben sind, die Um-
siedelung der Hebräer aber dorthin aus andern
Gouvernements ist verboten.

p. 9 u. 10: im livländischen Gouvernement, in der
Stadt Riga und im Flecken Schlock mit der
Beschränkung, wie im Gouvernement Kurland.

---

[1] Schreiben der livl. Gouv.-Reg. an den Rath vom 11. Juni 1829
Nr. 2499, ebendort Bl. 401 - 2.

Ein anderer Paragraph (§ 48) aber bestimmte, dass die jüdischen Kaufleute, Meschtschanins und Handwerker an den ihnen zum bleibenden Domizil bestimmten Orten alle Rechte und Vorzüge geniessen, die den andern russischen Unterthanen gleichen Standes zustehen. Das neue Gesetz schien von der irrthümlichen Voraussetzung auszugehen, dass Riga, wie Kurland, zu den Orten gehörte, wo den Juden ein bleibendes Domizil gestattet war. Drang diese Auslegung durch, so war das so lange und zähe von den Juden verfolgte Ziel, sich in Riga bleibend niederlassen zu dürfen, erreicht.

Die livländische Gouvernementsregierung hatte nun Bedenken getragen, diese mit den bisher hier geltenden Gesetzen nicht übereinstimmende Verordnung zu publiziren, und that es erst mittelst Patents vom 15. November 1835,[1] wofür sie nachträglich vom Senate in Folge einer Beschwerde des Kahals der Schlockschen Ebräergemeinde eine strenge Bemerkung erhielt.[2] Vorher aber, im August, hatte sie den Rigischen Rath aufgefordert, sich darüber zu äussern, wieweit diese Verordnung den Rigischen Gesetzen entgegenstehen möchte, damit die weiteren Verhandlungen in einer zusammenzuberufenden Palatenkonferenz geführt werden könnten. Der Rath forderte Gutachten vom Amts- und Wettgericht ein und stattete am 11. Oktober eine ausführliche Erklärung ab, die von folgender Erwägung ausging: Da durch das neue Gesetz den Juden in Riga nur ein bleibendes Domizil mit der Beschränkung wie in Kurland gestattet wird, in Kurland aber nur diejenigen Juden domiziliren dürfen, die bisher bei der Revision angeschrieben worden sind, so ist, da die Juden bisher noch niemals bei einer Revision zur Anschreibung in Riga zugelassen worden sind, nunmehr die durch lange Nachsicht immerfort aufgeschobene Frage hinsichtlich des Aufenthaltsrechts dahin

---

[1] Ueber die Einführung dieses Gesetzes und die späteren Verordnungen handelt die Akte des Rigischen Raths Nr. 9 Vol. I, zur Zeit im Archive der Rigischen Steuerverwaltung.

[2] Ukas des Senats vom 14. März 1836.

entschieden worden, dass keinem Juden fernerhin noch das
Recht zusteht, in Riga dauernd zu wohnen. Die Erklärung
schloss daher mit der Bitte, alle Juden, und zwar nicht nur
die Schlockschen, sondern auch die Schutzjuden aus Riga
auszuweisen.

Die vom Rathe gezogene Schlussfolgerung aus dem
neuen Gesetz, bei dessen in Frage kommenden Punkten es
sich offenbar nur um eine Kodifikation bestehender Verordnungen gehandelt hatte, war zwar überraschend, aber gegen
deren Logik lässt sich wohl kaum etwas einwenden, der
Kodifikator war eben nicht über die bestehenden Verordnungen genau orientirt gewesen und hatte angenommen,
dass dem thatsächlichen Zustande jahrzehntelangen bleibenden Aufenthalts der Juden in Riga auch eine Anschreibung bei den Revisionen zu Grunde gelegen habe, was
nicht der Fall war, denn die Mehrzahl der dort seit langer
Zeit wohnhaften Juden, darunter auch die Rigischen Schutzjuden, waren sämmtlich zu Schlock und nicht zu Riga angeschrieben.

Den Antrag des Raths auf vollständige Ausweisung der
Juden wollten auch die beiden Gilden mit allem Nachdruck
unterstützen, sie wollten sich mit ausführlich begründeten
Bittschriften an den Minister des Innern wenden und baten
den Generalgouverneur Baron von der Pahlen um Uebermitte-
lung dieser Gesuche.[1] Obwohl er nun persönlich den Gesuchen geneigt war, so lehnte er doch aus formellen Gründen
deren Absendung ab, weil die Frage, inwieweit den Schlock-

---

[1] Welche Beurtheilung der Widerspruch der städtischen Stände gegen
die Anschreibung der Juden zu Riga von jüdischer Seite erhielt, geht aus
einem im „Literärischen Begleiter des Provinzialblatts" vom 9. Juni 1838
Nr. 23 und 24 auszugsweise wiedergegebenen, im 1. Jahrgange der „Allgemeinen Zeitung des Judenthums" von 1837 Nr. 103 und 104 erschienenen,
aus Riga datirten Briefe hervor, der von H. W. Hamburger, N. A. Scheines-
son, Benj. Nachmann und N. Berkowitz, als „Vorstand der Ebräer-Gemeinde
zu Riga" unterzeichnet war. Angeregt durch diesen Brief erschien in
den Nummern 24 und 25 des „Provinzialblatts für Kur-, Liv- und Esthland"
vom 16. und 23. Juni 1838 eine „Kurze historische Uebersicht der Juden-
Duldung zu Riga".

schen Juden ein bleibendes Domizil in Riga auf Grund des neuen Gesetzes gewährt worden, bereits in der Palatenkonferenz verhandelt wurde, deren Beschluss, falls er gegen die Anwendung der erlassenen Verordnung in Riga ausfallen würde, nach der bestehenden Ordnung dem Senate zur Entscheidung vorgestellt werden müsse. Er erklärte sich ausser Stande, dieselbe Angelegenheit auf einem zweiten Wege an die höheren Staatsbehörden gelangen zu lassen, und überliess es den Gilden, sich direkt an den Minister zu wenden.[1] Die beiden Gilden beschlossen demnächst die Absendung einer Deputation nach St. Petersburg mit dem Auftrage, eine Bittschrift an den Kaiser zu übergeben.[2] Diese Schritte hatten jedoch keinen Erfolg. Durch das am 17. Dezember 1841 Allerhöchst bestätigte Reichsrathsgutachten[3] wurde die Frage über die Standesrechte der in Riga domizilirenden Juden wie folgt entschieden:

„1. Den Hebräern, welche wirklich bis jetzt einen festen Aufenthalt in Riga gehabt haben, zu gestatten, sich zu dieser Stadt anschreiben zu lassen und daselbst wohnen zu bleiben, ohne jedoch weder das Bürgerrecht, noch das Recht zum Erwerb unbeweglichen Eigenthums geniessen zu dürfen,

2. fortan gänzlich zu verbieten, dass die Hebräer weder aus andern Gouvernements, noch aus dem Flecken Schlock nach Riga übergehen, um daselbst zu wohnen,

3. die kraft dieser Verordnung in Riga zu lassenden Hebräer zu verpflichten, deutsche Kleidung zu tragen,

4. die Feststellung der Rechte der Hebräer hinsichtlich der Betreibung des Handels in Riga in die definitive Entscheidung der allgemeinen Frage über das Handelswesen in Riga mit einzuschliessen."

---

[1] Reskript des Generalgouverneurs an den Rath vom 2. Dezember 1835 Nr. 3595, Reskript der livl. Gouvernementsregierung vom 4. Dezember 1835 Nr. 6783.

[2] RP vom 26. März 1836.

[3] Полное собрание законовъ T. XVI, отд. 2, Nr. 15126, eröffnet dem Rig. Rathe durch das Reskript der livl. Gouvernementsregierung vom 19. Februar 1842 Nr. 1412 und publizirt durch das als Beilage 17 abgedruckte Patent vom 16. Februar 1842.

Auf Grund dieses Gesetzes wandte sich das Kahalsamt
der Schlockschen Ebräergemeinde am 6. März 1842 an den
livländischen Kameralhof mit dem Gesuche, die gesammte
Schlocksche Gemeinde, wie sie in der Revisionsliste von
1834 verzeichnet ist, zur Stadt Riga umschreiben zu wollen.[1]
Da jedoch nach dem Punkt 1 des Gesetzes nur denjenigen
Juden, die wirklich (дѣйствительно) bis jetzt einen festen
Aufenthalt (постоянное пребываніе) in Riga gehabt haben,
gestattet worden war, sich zu Riga anschreiben zu lassen,
so beauftragte der Kameralhof die Rigische Polizeiverwaltung mit der Zusammenstellung eines namentlichen Verzeichnisses der hierbei in Betracht kommenden Juden und
übersandte dem Rigischen Rathe am 9. Oktober 1842 dieses
Verzeichniss[2] mit der Eröffnung,

1. dass dem Kahalsamte der Schlockschen Ebräergemeinde gleichzeitig vorgeschrieben worden sei, die in der
Liste verzeichneten Personen vom Jahre 1843 ab vom Gerichtsflecken Schlock zur Stadt Riga unter dem Namen
„Rigasche Ebräergemeinde" umzuschreiben,

2. dass diese Personen mit ihren nach Aufnahme der
(8.) Revision geborenen Kindern die unter der besonderen
Verwaltung des Kahalsamts stehende Rigasche Ebräergemeinde ausmachen werden.

In dieses Verzeichniss waren im Ganzen 517 Personen,
256 männl. und 261 weibl. Geschlechts, eingetragen,
darunter ein Kaufmann II. Gilde (Ezechiel Berkowitz) mit
seiner Familie, im Ganzen 12 Personen (7 m., 5 w.), und
drei Kaufleute III. Gilde (Nathan Abraham Scheinessohn,
Feiwus Iljisch und Elias genannt Eduard Nachmann) mit
ihren Familien, im Ganzen 20 Personen (11 m., 9 w.), die

---

[1] Hinsichtlich der Anschreibung der Schlockschen Juden zu Riga
aus den Jahren 1842—1844 ist zu verweisen auf das in den Rigaschen
Stadtblättern von 1866 S. 186—89, 206—7 enthaltene Referat aus einem
Aufsatze im 1. Heft der Vorlesungen der bei der Universität Moskau be-
stehenden Gesellschaft für Geschichte und Alterthumskunde S. 133—41.
Vergl. auch Орманскій a. a. O. S. 5 und 379—85.

[2] Abgedruckt im Auszuge als Beilage 18.

übrigen 485 (238 m., 247 w.) waren zum Kopfsteueroklad angeschrieben.

Der Rath theilte am 7. November 1842 diesen Antrag des Kameralhofs den beiden Gilden mit, die den Beschluss fassten, eine Kommission mit Nachforschungen darüber zu beauftragen, ob diejenigen Juden, die zu den im Verzeichnisse benannten elf Rigischen Schutzfamilien[1] nicht gehören, auch wirklich zur Anschreibung berechtigt seien. Auch wurde der Generalgouverneur Baron von der Pahlen am 17. November ersucht, die Anschreibung vorläufig ausser Effekt zu setzen, wobei der Rath Nachfolgendes zu erwägen gab:

Bisher seien nur die sogenannten Schutzjuden, die ursprünglich aus 15 Familien bestanden haben, berechtigt gewesen, hier ihren Wohnsitz aufzuschlagen, alle nicht dazu gehörigen Personen aber seien nur missbräuchlich von der Polizei geduldet worden und hätten durch solche widergesetzliche Duldung kein Recht erlangt, einen zeitweiligen Aufenthaltsort, den man ihnen blos nachgesehen, als ihren festen Wohnsitz geltend zu machen. Solches streite auch wider den juristischen Begriff des Domizils und es sei auf blosse Anzeige der Polizei dem Allerhöchst bestätigten Reichsrathsgutachten, das doch nach den Grundsätzen einer rechtlichen und billigen Auslegung nur auf die Schutzjuden bezogen werden könne, eine Ausdehnung gegeben worden, die dem gesammten Kaufmanns- und Gewerkstande höchst gefährlich zu werden drohe. Voraussichtlich könne es nicht in der Absicht des Kaisers gelegen haben, Riga, als einen Handels- und Hafenplatz europäischen Rufs, mit Juden zu überfüllen, was mit der Zeit nicht ausbleiben könne, wenn schon jetzt 517 zu Riga angeschrieben werden sollen!

---

[1] Die Vorstände dieser elf Schutzfamilien hiessen: Esaias Wulff, Moses Salamon, Nechemja Peysack Berkowitz, Joseph Nechemja Berkowitz, Peysack Markus Berkowitz, Moses Wulff, Hirsch Wulff, Isaak Salomon Peysak, Samuel Isaak Cohn, Jacob Lewin Chlaune und Hirsch Lewin Liewen.

Der Generalgouverneur antwortete am 26. November, dass er sich ausser Stande sehe, eine Anordnung zur Abänderung dieser Massregel im Allgemeinen zu treffen, sollten sich aber unter den vom Kameralhofe zu Riga verzeichneten Juden solche finden, die hier keinen bleibenden Aufenthalt gehabt haben, so würde er deren Ausschliessung aus der Rigischen Hebräergemeinde bewirken. In Folge dessen wandte sich der Rath am 18. Dezember 1842 mit einer Beschwerde an den Senat, der, obwohl der Generalgouverneur Pahlen während seines langen Aufenthalts in Petersburg im J. 1843 persönlich für das Gesuch der Stadt Riga eingetreten war, dennoch zu Ungunsten des Raths am 19. Juni 1844 einen Ukas erliess. Er verfügte, zur Ermittelung dessen, wer auf Grund des neuen Gesetzes das Recht habe, zu Riga angeschrieben zu werden, eine Kommission einzusetzen, die bestehen soll aus je einem Gliede des Kameralhofs, des Raths und der Polizeiverwaltung, je einem Delegirten der grossen und kleinen Gilde und einem aus dem Kahalsamte. Diese Kommission soll binnen sechs Monaten die strengste Untersuchung wegen der in Riga lebenden Juden veranstalten und nur diejenigen von den bei der 8. Revision zum Flecken Schlock Angeschriebenen als zur Anschreibung zur Stadt Riga berechtigt anerkennen, die beständigen Aufenthalt (постоянное пребываніе) in Riga gehabt haben. Die Zuschreibung zu Riga soll alsdann auf Grund des von der Kommission anzufertigenden, vom Generalgouverneur zu bestätigenden Verzeichnisses erfolgen.

Der Senat hatte mithin im Prinzipe gegen den Rath und die Gilden entschieden und es sollte nur eine Untersuchung der faktischen Verhältnisse vorgenommen werden. In dieser Kommission[1] traten die beiden Vertreter der Gilden lebhaft von neuem dafür ein, dass nur die Schutzjuden zu Riga angeschrieben werden müssten, alle übrigen,

---

[1] Die Kommission bestand aus dem livl. Kameralhofsrath Staatsrath v. Dahl, dem Rathsherrn C. G. Westberg, dem Polizeimeister Jasykow, dem Aeltermann gr. Gilde J. A. Lemcke, dem Aeltesten kl. Gilde Gotthard Kreusch und dem Kahalsmanne Michael Tietzner.

also die überwiegende Mehrzahl der Schlockschen Juden, dagegen nicht. Die Kommission unterbrach daher ihre Arbeiten und wandte sich behufs Entscheidung dieser Frage an den Senat.[1] Der Senat erklärte am 27. November 1845, dass diese Frage bereits durch das Gesetz vom 17. Dezember 1841 endgiltig entschieden worden sei, es sei kein Unterschied zwischen den Rigischen Schutzjuden und den übrigen zu Schlock angeschriebenen Juden gemacht worden, es handle sich nur um die Frage, wer von ihnen einen bleibenden Aufenthalt in Riga gehabt hätte. Um jede Veranlassung zu weiteren Missverständnissen zu beseitigen, entschied der Senat, dass „als bleibend sich in Riga aufhaltend" diejenigen angesehen werden müssen, die von der Verzeichnung zur 8. Revision im Jahre 1834 bis zum 17. Dezember 1841 ihr Domizil in Riga gehabt hatten. Den Gliedern der Kommission, „die durch Abgabe von unbegründeten Meinungen eine nutzlose Verzögerung zugelassen" hatten, wurde vom Senat eine strenge Bemerkung erteilt und die Kommission wurde angewiesen, in 3 Monaten bei strengster Verantwortung ihre Geschäfte zu beendigen. Das geschah im Juni 1846. Die Kommission stellte zwei Verzeichnisse auf. In das erste Verzeichniss trug sie alle diejenigen, zu Schlock bei der im Jahre 1834 stattgehabten 8. Revision verzeichneten Juden ein, die von 1834 bis 1841 ihren bleibenden Aufenthalt in Riga gehabt hatten, im Ganzen 409 Personen, 199 männlichen und 210 weiblichen Geschlechts, in die zweite Liste aber diejenigen Schlockschen Juden, die verstorben, zu Rekruten abgegeben, nach Sibirien verschickt und verschollen

---

[1] Auch das Börsenkomité wurde in jenen Jahren von den Kaufleuten um Unterstützung bei der versuchten Abwehr der Anschreibung der Schlockschen Juden ersucht (Akte im Archiv des Börsenkomités Nr. 32, betr. den Aufenthalt der Hebräer in Riga in Handelssachen) und der Aeltermann gr. Gilde J. A. Lemcke begab sich im Januar 1845 nach Petersburg, um dort die Anschreibung zu hintertreiben. Auch hatte die grosse Gilde bereits am 24. März 1843 beschlossen (Notizenbuch im Archiv der Gilde S. 240), dem Aeltermann unbedingte Vollmacht zu übertragen und alle nach seinem Gutdünken erforderlichen Mittel mit Befreiung von jeder speziellen Verrechnung anzuweisen.

waren, im Ganzen 63 Personen. Beide Listen wurden dem
Kameralhofe zur Anschreibung aller darin aufgeführten
Personen zugefertigt, wobei es hinsichtlich der Personen in
der zweiten Liste nur darauf ankam, ob die Kronsabgaben
für dieselben bis zur nächsten Revision von der Hebräergemeinde zu Riga oder von der nachbleibenden Hebräergemeinde zu Schlock zu entrichten seien.

Somit war diese Sache endgiltig zu Gunsten der Juden
erledigt worden, von nun an gab es keine Rigischen Schutzjuden mehr, sondern nur Glieder der Rigischen Hebräergemeinde.

Durch das Gesetz von 1841 waren ihnen zwei Rechte
ausdrücklich vorenthalten worden, das Recht, unbewegliches Eigenthum besitzen zu dürfen, und das Rigische
Bürgerrecht. Die Bemühungen der Juden um das erste
Recht beginnen bereits im September 1846, sie erhielten es
neben anderen Privilegien durch das am 12. Mai 1858 Allerhöchst bestätigte Reichsrathsgutachten.[1] Das Rigische Bürgerrecht haben sie bis heute noch nicht erlangt, es dürfte
ihnen, zumal die Gilden ihrer politischen Rechte entkleidet
sind, wohl niemals gewährt werden, auch ist mir nicht
bekannt geworden, dass sie sich jemals darum beworben
hätten.

8. Die Judenherbergen und Synagogen seit 1764 und die Anzahl der Juden in Riga.

Es erübrigt noch die Zusammenstellung von Daten über
die Judenherberge und die Synagoge, soweit sie nicht bisher
schon gegeben wurden.

Ueber den hiesigen Bürger Johann Benjamin Bencken,
dem am 15. Dezember 1764 das Privilegium, eine Judenherberge zu halten, auf 50 Jahre vom Rathe gegeben
worden war, gingen bereits im August 1766 wieder
mancherlei Beschwerden hinsichtlich Ueberschreitung seiner

---

[1] Полное собраніе законовъ XXXIII, 33148.

Instruktion und Taxe ein, die den Generalgouverneur Browne dazu veranlassten, ihn seines Privilegs für verlustig zu erklären und die Uebertragung seines Kontrakts auf einen Andern zu verlangen. Da sich jedoch keine geeignete Person trotz wiederholter Publikationen fand, so wurde Bencken bis auf weiteres in seiner Stellung belassen.[1] Auf Benckens Antrag wurde auch am 5. Juni 1769 vom Rathe eine gedruckte Publikation erlassen, die das Beherbergen von Juden, die wieder in grösserer Zahl als früher ausserhalb der Judenherberge einzukehren pflegten, streng verbot.[2] Auch später wurden solche Verbote immer wieder erneuert.[3] Das Benckensche Privileg ging nach seinem Tode (vor 1773 Dezember 20) auf seine Wittwe Maria Katharina Bencken geb. Wiedfeldt über, die im Oktober 1783 die Judenherberge nebst dem Privileg für 3600 Rthl. an den Gewürzkrämer Valentin Johannson verkaufte.[4] Ihm wurde der Weiterverkauf an den Bäckermeister Johann Behrend Büschel im Dezember 1785 gestattet.[5]

Im Mai 1787 gab eine bei der Statthalterschaftsregierung erhobene Beschwerde der weissreussischen Juden darüber, dass sie zwangsweise ihre Wohnung in der Herberge nehmen müssten, dass die Herberge bei weitem nicht geräumig genug sei, um sie alle aufzunehmen, und dass sie auch zu weit von den Ambarenhölmern abgelegen sei, — Anlass zu

---

[1] RP vom 2. August, 28. August, 6. Oktober, 1. Dezember 1766, 19. Januar 1767, Publica Bd. 164 S. 379—84, Aulica Bd. 66 S. 113—18, Publica Bd. 165 S. 9—11, 142—44, 351, Bd. 166 S. 27—28. Publikationen des Raths vom 2 September und 2. Dezember 1766 und 11. Januar 1767 in den Rigischen Anzeigen von 1766 S. 248 und 347, von 1767 S. 21.

[2] RP vom 5. Juni 1769, Publica Bd. 171 S. 427—29, Missivae Bd. 28 S. 606—8. Abgedruckt als Beilage 10.

[3] So u. A. auch in der Publikation des Raths vom 26. November 1784, abgedruckt als Beilage 12.

[4] RP vom 16. Dezember 1782 und 18. Oktober 1783, Publica Bd. 193 S. 340, Bd. 195 S. 390—91. Protokolle des Landvogteigerichts Bd. 138 S. 373.

[5] RP vom 28. Oktober 1784 und 11. Dezember 1785, Publica Bd. 198 S. 372—74, Bd. 201 S. 417—19.

einer Untersuchung der Herberge. Das Rigische Polizeiamt
stellte Folgendes fest:[1]

Die Herberge enthielt überhaupt 35 Zimmer, von denen
9 zu beständigen Wohnungen an sieben hier das Jahr über
sich aufhaltende Judenfamilien abgegeben waren, während
26 Zimmer an Ab- und Zureisende vermiethet werden
konnten. Bei der Besichtigung ergab sich, dass die Zimmer
nur so gross und so eingerichtet waren, als gewöhnlich in
den Gasthäusern oder Krügen an den Heerstrassen die
Schlafzimmer zu sein pflegen. In jedem Zimmer, so erklärte
der Judenwirth Büschel, könnten 3 Personen wohnen, denn
an den Wänden stünden drei Betten und in der Mitte des
Zimmers wäre so viel Raum, dass ein Tisch und drei
Stühle stehen könnten. Da er aber nicht unbekannte Leute
zwingen könnte, zusammen zu logiren, so käme es oft vor,
dass er ein Zimmer nur einer Person überlassen müsste.
Die Beschuldigung, dass bis 25 Personen in einem Stübchen
zusammengedrängt würden, wäre grundfalsch. Indessen
wäre die Herberge bei weitem nicht geräumig genug, um
alle herkommenden Juden aufzunehmen. In den grossen
Handelsmonaten Mai und Juni wären zu gleicher Zeit wohl
200 Juden und mehr hier, und wenn auch jedes der 26
Zimmer mit drei Personen besetzt würde, so wäre doch nur
für 78 Platz. Allein von den im Mai und Juni und überhaupt zur Sommerzeit mit Waaren herkommenden Juden
meldete sich der bei weitem geringste Theil in der Herberge.
Sie blieben fast alle bei ihren Waaren, daher auch jetzt
nur 34 fremde Juden dort wohnten. Die Einquartierten
erhielten nur Stube, Bett mit einer Streumatratze, Tisch,
Stuhl und Licht, wofür nicht mehr als die Taxe, 5 Ferdinge,
in den Sommermonaten gefordert würde. Diejenigen Juden,
die bei ihren Waaren blieben und sich dort in der Nähe
Quartier schafften, bezahlten garnichts. Wenn einer krank
·würde, so erhalte er, häufig unentgeltlich, ein besonderes

---

[1] Journal des Rigischen Polizeiamts vom 31. Mai 1787 Vol. I
Bl. 358b—61a.

Zimmer. Wenn keine Angehörige oder Freunde zur Stelle wären, so müsste der Vorsteher der hiesigen Judengemeine sich der Kranken annehmen.

Da die im Mai 1787 erhobene Beschwerde von der Statthalterschaftsregierung unberücksichtigt gelassen wurde, so wandten sich die weissreussischen Juden an den Senat und erwirkten den Ukas vom 22. Mai 1788,[1] durch den gestattet wurde, sie in anderen Häusern zu beherbergen, falls die Judenherberge überfüllt sein sollte, eine Verordnung, die dem angestrebten Wohnen ausserhalb der Judenherberge bedeutenden Vorschub leistete.

Der Judenwirth Büschel gerieth in Konkurs und als seinen Nachfolger finden wir im November 1789 einen Andreas Wagensen. Mit ihm wird seitens des Aeltesten der Judengemeine, Moses Levi[2] (Bamberger), ein neuer Miethvertrag über die Synagoge geschlossen, wonach vom 1. August 1789 ab nur 50 Rthl. statt 60 Rthl. gezahlt werden sollen.[3]

Im März 1792 beschweren sich die Aeltesten der Judengemeine, Moses Levi und Jakob Wulff, darüber, dass sie in der ihnen bei der Judenherberge eingewiesenen Schule keinen Gottesdienst halten könnten, weil sie wegen der niedrigen Lage oft vom Wasser überschwemmt würde, das noch jetzt drin einen halben Fuss hoch stünde. Sie baten, solange sie nicht entweder „eine neue Kirche" erbaut oder

---

[1] Полное собраніе законовъ XXII, 16671.

[2] Ein Moses Lewi, wohl derselbe, wird am 6. August 1785 (Publica Bd. 200 S. 392—94) vom Rathe zum Translateur der hebräischen Sprachen bestellt. Er soll den Translateureid beim Wettgerichte leisten. Hinsichtlich der Taxe für die Uebersetzungen äusserte sich der Rath folgendermassen: „Da übrigens die Verteutschung der hebräischen Sprache, weil sie sich von allen lebenden Sprachen in Verschiedenheit der Dialekte und Kürze des Ausdrucks sehr unterscheidet, auch mehrere Arbeit und Mühe erfordert, und die ... Gebühr daher nicht taxamässig bestimmt werden könne, so wird demselben, sich ... billig finden zu lassen die Anweisung ertheilet, widrigenfalls einem jeden, sich auch von andern ... Personen seine Schriften verteutschen und beglaubigen zu lassen, unbenommen gelassen wird."

[3] Protokolle des Rigischen Polizeiamts vom 19. September 1789 (Vol. II S. 510—12) und vom 7. November 1789 (Vol II S. 881—82).

ihnen ein anderer Platz eingewiesen werden würde, ihnen zu gestatten, ihren Gottesdienst in einem Privathause zu halten. Die Statthalterschaftsregierung gab die Genehmigung dazu, dass die hiesige Judengemeine „vor der Hand und bis hierüber eine anderweite Vorkehrung werde getroffen werden können", sowie mit Vorwissen des Polizeiamts eine Privatgelegenheit auf ihre Kosten miethen dürfe. Das geschah am 22. April. Zur Synagoge wurde in dem ausserhalb des Johannisthors im 2. Vorstadttheil belegenen Hause des Gouvernementsprokureurs, späteren Vizegouverneurs, Joseph von Hurko eine Wohnung, die aus 4 Zimmern, 1 Vorhause, Stube und Kammer bestand, für 100 Rthl. Fünfergeld jährlich auf zwei Jahre gemiethet. Der Eigenthümer der Judenherberge, Titulairrath Albers, aber gab vor dem Polizeiamte die Erklärung ab, dass, da die Judengemeinde ohne sein Vorwissen die Erlaubniss, ihren Gottesdienst ausserhalb der Judenherberge, „wozu ein seit vielen Jahren dazu eingerichtetes Gebäude bestehe",[1] erwirkt hätte, er auch ferner nicht die Judenherberge in seinem Hause halten wolle.[2] Es scheint aber, dass diese Absicht nicht verwirklicht wurde, denn wir finden aus dem Jahre 1800 die Bemerkung, dass in der unweit der „alten Johannispforte" belegenen, ehemaligen Benckenschen Herberge der hiesige Kaufmann Christian Benjamin Kruse (Krause) „als Herbergsvater" angestellt ist.[3]

Die Synagoge verblieb nur wenige Jahre im Hurkoschen Hause, bereits im Juni 1795 wird den Aeltesten der

---

[1] Ueber die Errichtung eines besonderen Gebäudes für die Synagoge, und zwar auf dem Grundstücke, wo auch die Judenherberge stand, habe ich keine Nachrichten gefunden. An der Thatsache mag aber nicht gezweifelt werden, weil auch in der Beschwerde vom März 1792 von der „bei der Judenherberge eingewiesenen Schule" die Rede ist. Sie mag eben niedriger als die Herberge selbst gelegen haben und allein nur, nicht aber die Herberge, Ueberschwemmungen ausgesetzt gewesen sein.

[2] Journal des Rigischen Polizeiamts vom 22. März bis 22. April 1792 Vol. I S. 789—90, 795, 843, 889—90, 1047—49. Protokoll des Stadtmagistrats vom 20. April 1792, S. 74b.

[3] Ebräerakte von 1766—1829 Bl. 48 und 210.

Judengemeinde Jakob Wulff, Moses Aaron und Ezechiel
Levi vom Polizeiamte gestattet, eine andere Wohnung zu
miethen, und im April 1796 zeigen sie an, dass sie vom
Quartierlieutenant Johann Benjamin Schmidt die untere
Etage seines am Johannisdamm belegenen steinernen Wohn-
gebäudes zur Synagoge für 160 Rthl. jährlich gemiethet
und bereits eingerichtet und bezogen hätten.[1] Der seit
13 Jahren als Schächter, Kantor, Vorsänger und Kirchendiener angestellte Levin Samuel wurde im August 1795
entlassen und an dessen Stelle Moses Chatzkel, aus dem in
Kurland belegenen Gebiete des Herrn v. Sacken, erwählt
und vom Polizeiamte bestätigt.[2]

Im Jahre 1800 trat das Gesetz- und Polizeigericht dafür
ein, dass eine zweite Judenherberge jenseits der Düna eingerichtet werden möge, um die vielen, im Frühling und
Sommer aus Kurland, Litauen und Polen herkommenden
Juden aufnehmen zu können, die sich wegen ihrer Waaren
jenseits der Düna aufhalten müssen. Auch sprach sich das
Polizeigericht dahin aus, dass in dieser Herberge während
der Handelszeit eine Interimssynagoge errichtet werden
möge. Dieser Absicht kam ein Anerbieten des Kaufmanns
Friedrich Wilhelm Seuberlich entgegen, der bereits seit
20 Jahren eine Herberge für Fremde jenseits der Düna
besass, diese Herberge zu einer Judenherberge umzuge-
stalten.[3] Der im Mai 1788 erlassene Senatsukas, der den
angereisten Juden auch das Wohnen ausserhalb der Herberge gestattete, wovon in ausgiebigem Masse Gebrauch
gemacht wurde, mochte aber zur Folge haben, dass die

---

[1] Journal des Rigischen Polizeiamts vom 6. Juni 1795 (Tom. II
S. 254—58) und 14. April 1796 (Tom. I S. 769—71).

[2] Journal vom 11. August 1795, Tom. II S. 659—64. Im Verzeichnisse
von 1811 (Ebräerakte Bl. 146ᵇ) finden wir ihn als Rabbiner und ehemaligen Zensor Moses Etzichell mit der Angabe verzeichnet, dass er 76 Jahre
alt und seit 16 Jahren in Riga sei. Auch Wunderbar in seiner Geschichte
der Juden S. 14 erwähnt ihn als Rabbi Moses Ezechiel Maz, geb. 1760,
gest. 1831, sodass die Altersangabe von 76 Jahren im Jahre 1811 anzu-
zweifeln ist.

[3] Ebräerakte von 1766—1829 Bl. 48—51.

Judenherbergen immer mehr ihre ursprüngliche Bedeutung
verloren, sonst hätte wohl der Rath nicht in seinem Gutachten vom 8. Mai 1811 (S. 87) darauf verfallen können, als
Massregel zur Einschränkung der Zahl der Juden in Vorschlag zu bringen, dass wieder zwei Judenherbergen errichtet und den hiesigen Schutzjuden die Genehmigung dazu
ertheilt werde. Dieser Vorschlag wurde von der livl.
Gouvernementsregierung zunächst unbeachtet gelassen, aber
nachdem durch den Brand der Vorstädte im J. 1812 wohl
auch die Judenherbergen vernichtet worden waren, regte
sie diese Frage von sich aus wieder an[1] und erledigte sie
durch den § 7 der gedruckten Verordnung vom 29. Juli
1813: Um den angereisten Juden ein Unterkommen zu verschaffen und der Polizei die Aufsicht über dieselben zu erleichtern, sollen nach Anordnung der Polizeiverwaltung zwei
Judenherbergen, eine in der Vorstadt jenseits der Düna,
die andere in der Moskauschen Vorstadt, errichtet werden,
jedoch sollen zu Herbergswirthen soviel als thunlich nur
Juden aus der Zahl der hiesigen Schutzjuden zugelassen,
auch diese Anstalten mit Taxen versehen werden. Die von
den Bürgern grosser Gilde dagegen erhobene Einsprache,
dass das Halten von Herbergen ein bürgerliches Nahrungs-
recht sei, wurde abgewiesen.[2]
Im März 1814 richtete der Goldsticker Isaak Salomon
Namens der Judengemeine an die livl. Gouvernements-
regierung das Gesuch, den Ankauf eines Hauses zu
einem Bethause oder den Neubau eines solchen Hauses
gestatten zu wollen. Die Ansichten des Raths waren getheilt. Der Rathsherr Johann Valentin Bulmerincq war
geneigt, ihnen den Bau eines Bethauses „als publikes Gebäude, ohne Sequel für Privatpersonen", zu gestatten, auch
wollte er ihnen offen lassen, dieses Haus mit einer Herberge zu verbinden. Der Oberwettherr Johann Georg
Stresow trat dafür ein, dass aus öffentlichen Mitteln eine

---

[1] Reskript der livl. Gouv.-Reg. an den Rath vom 2. Mai 1813
Nr. 2816, Antwort des Raths vom 28. Juni 1813 Nr. 1843.
[2] RP vom 15. März 1815, Publica S. 247 und 249.

Synagoge für die Schutzjuden und die zum Handel herkommenden Juden erbaut werde und dass man dieses Haus
den Juden gegen eine jährliche Zahlung überlassen möge.
Es drang jedoch die auf Ablehnung des Gesuchs gerichtete
Meinung des wortführenden Bürgermeisters August Wilhelm
Barclay de Tolly im Rathe durch. Die Gestattung eines
eigenthümlichen Bethauses, so führte er aus, würde indirekt
die Gestattung eines immerwährenden Aufenthalts der Juden
involviren und daher den bestehenden Gesetzen, insbesondere
den Stadtrechten (Lib. III Tit. XI § 5) widersprechen, nach
denen Grundstücke nicht einmal in „frembde und päpst-
geistliche Hände gebracht", geschweige denn an Juden verkauft werden dürfen. Die üblen Folgen würden sein die
Ausdehnung der Erlaubniss auf mehrere Gebäude für
Rabbiner, Schulleute u. A., die zügellose Vermehrung der
ohnehin schon in grosser Menge widerrechtlich sich hier
aufhaltenden, zu Schlock und Kurland angeschriebenen
Juden, die Vervielfältigung der hauptsächlich von ihnen
verübten Zolldefraudationen, die Beeinträchtigung der hiesigen Bürger in ihrer Nahrung und ihrem Gewerbe, die
Hehlung gestohlenen Gutes und daraus entstehende Ver-
leitung leichtsinniger Menschen zu Diebstählen u. s. w. Die
Meinung des Bürgermeisters Barclay drang durch und der
Generalgouverneur Marquis Paulucci wies das Gesuch der
Juden mit der Begründung ab, dass der bisherige Zustand um
so mehr beizubehalten sei, als nach dem Allerhöchst bestätigten Doklad des Senats vom 16. Januar 1805 den Juden
nicht das Recht zusteht, in Livland Immobilien zu besitzen, und als nach der Allerhöchsten Resolution vom
8. Juni 1805 die Beibehaltung aller die Verfassung der
Stadt Riga betreffenden Anordnungen bis zu deren all-
endlichen Beprüfung und Allerhöchsten Bestätigung zugesichert worden ist.[1]

---

[1] RP vom 18. März und 1. April 1814, Publica I S. 240—41, 272—77.
Bericht des Raths an die livl. Gouv.-Reg. vom 11. April 1814 Nr. 2766.
Reskript des Generalgouverneurs Paulucci an die livl. Gouv.-Reg. vom
29. April 1814 Nr. 1226 im äussern Rathsarchive Schrank III Fach 9.

Hatten die Juden es somit nicht erreichen können, sich
ein eigenes Bethaus bauen zu dürfen, so wurden ihnen doch
vom Marquis Paulucci grössere Freiheiten hinsichtlich der
Wahl der für den Religionskultus und den Unterricht
nöthigen Männer in nachsichtiger Weise zugestanden. Er
gestattete im November 1817[1] auf Ansuchen des „Kahals
der zum Aufenthalte in Riga berechtigten Ebräer", — es ist
das erste Mal, dass die Bezeichnung Kahal für den Vorstand
begegnet, — dass 2 Schächter, 2 Gelehrte, 2 Lehrer, 1 Vorsänger, 1 Küster und 2 Beschneider aus der Zahl der
fremden Juden angestellt würden, unter der Bedingung,
dass sie durch vorschriftsmässige Gouverneurspässe legitimirt seien, in deutscher Kleidung gingen und nicht länger
als fünf Jahre sich hier aufhielten. Nach Ablauf dieser
Zeit sollten sie Riga verlassen müssen, jedoch durch andere
ersetzt werden können, falls sich für diese Stellen nicht
hiesige Juden fänden. Auch die 1822 erlassene Verordnung
schärfte ein, dass fremden Juden, die als Rabbiner, Schächter,
Schul- und Kirchendiener und Synagogenmusikanten herkommen würden, der Aufenthalt nicht gestattet sei.[2] Hinsichtlich der Judenherbergen aber setzte diese Verordnung
fest, dass deren fünf bestehen sollen: in der Stadt eine Herberge für angereiste Kaufleute, in der Moskauschen Vorstadt zwei Herbergen und in der überdünschen Vorstadt
zwei Herbergen. Ohne ausdrückliche Genehmigung des
Generalgouverneurs sollte keine neue Herberge errichtet
werden dürfen. Mit gewissen Ausnahmen waren alle angereisten Juden verpflichtet, in diesen Herbergen Wohnung
zu nehmen. Diese Verordnung verblieb unverändert bis
zu dem Zeitpunkte, wo die Rigische Hebräergemeinde kon-
stituirt wurde.

Hinsichtlich des Unterrichts der Kinder ist bereits
(S. 83—84) erwähnt worden, dass nach der Verordnung vom

---

[1] Reskript an die livl. Gouv.-Reg. vom 12. November 1817 Nr. 4062
in der Ebräerakte von 1766—1829 Bl. 254—55. Patent vom 13. Dezember
1819 Punkt c.

[2] Patent vom 29. Dezember 1822 § 16.

5. Juli 1788 die hebräische Gemeine angehalten wurde, einen Schulmeister zum gemeinschaftlichen Unterricht der Kinder anzustellen, sowie dass alle hier unter dem Namen von Hauslehrern weilende Juden ausgewiesen werden sollten. Ob nun ein solcher Schulmeister angestellt wurde, darüber haben wir leider nichts erfahren können, eine Nachricht aus dem J. 1800[1] bestätigt nur, dass auch damals noch die Hauslehrer streng verpönt waren. Erst im J. 1839 erlangte die Schlocksche Hebräergemeinde durch einen am 22. April Allerhöchst bestätigten Ministerkomitébeschluss das Recht, in Riga eine Schule aus dem Ertrage einer abgesonderten Schlachtsteuer zu gründen. Der Rath kam mit seiner dagegen im September 1839 auf Antrag der Bürgerschaft grosser Gilde[2] eingelegten Einsprache zu spät. Dieses Gesuch war offenbar geheim betrieben worden, so dass der Rath erst nach der vollzogenen Thatsache davon erfahren hatte. Vergeblich waren daher die Hinweise darauf, dass es hier genug höhere und niedere Schulen gäbe, in denen die Juden ihre Kinder, solange sie selbst provisorisch noch geduldet würden, unterrichten lassen können und auch wirklich unterrichten lassen, sowie dass jede weitere Konzession, die den Juden ertheilt würde, von gefährlichen Folgen sein könnte. Der Generalgouverneur Baron Pahlen bestrebte sich, den Rath darüber zu beruhigen: wenn der Schlockschen Hebräergemeinde das zur Zeit strittige Recht zum bleibenden Aufenthalt in Riga abgesprochen werden sollte und sie gezwungen würde, Riga zu verlassen, so müsste selbstverständlich auch ihre Schule nach dem Orte ihres neuen Aufenthalts versetzt werden. Inzwischen aber läge gar kein Grund vor, sie an der zweckmässigeren Bildung ihrer Jugend zu hindern, dadurch würden auch die politischen und gewerblichen Verhältnisse der Stadt nicht berührt. In dem bestätigten Schuletat sei zwar gesagt, dass die nach Deckung der Miethe für das Schulhaus verbleibenden Ueberschüsse

---

[1] Protokoll des Gesetz- und Polizeigerichts vom 23. November 1800, Ebräerakte von 1766—1829 Bl. 59.

[2] Protokoll der grossen Gilde vom 13. September 1839.

der Steuer zur Bildung eines Kapitals zum Ankaufe eines
Schulhauses dienen sollen, so lange aber den Schlockschen
Juden kein Heimathsrecht in Riga zuerkannt sei, stände ja
dem Rathe, als Korroborationsbehörde, das Recht zu, die
Bestätigung eines Vertrages, der den Ankauf eines Immo-
bils zu einer Schule bezwecken sollte, zu verweigern.[1]
Diese Schule wurde denn auch am 15. Januar 1840 mit
einer nachher gedruckten Rede des aus Baiern berufenen
Leiters der Schule und Predigers der Gemeinde Dr. Max
Lilienthal feierlich eröffnet. An dieser Schule fungirten
drei jüdische und ein christlicher Lehrer. Da Lilienthal
bereits Anfang 1842 nach St. Petersburg berufen und bei
der neuerrichteten Rabbinerkommission zur Bildung der
Juden in Russland angestellt wurde, so wurde seine Stelle
interimistisch dem Nebenlehrer Ruben Joseph Wunderbar
übertragen, an dessen Stelle Ende 1843 der gleichfalls aus
Baiern zum Prediger der Gemeinde berufene Dr. Abraham
Neumann trat.[2]

Erst im Juli 1850 wiederholte das Kahalsamt die bereits
1814 erfolglos verlautbarte Bitte um Erlaubniss zum Ankauf
eines Grundplatzes und zum Bau einer Synagoge. Vergeblich war die Erklärung des Raths, dass die Gewährung
dieser Bitte geradezu dem Gesetze zuwiderlaufe, weil das
Allerhöchst bestätigte Reichsrathsgutachten vom 17. Dezember 1841 den Juden ausdrücklich verbiete, unbewegliches
Eigenthum in Riga zu erwerben, vergeblich auch der Hinweis
darauf, dass jedes Zugeständniss die Rigische Bürgerschaft
in den zu ihrem Schutze gegen noch grösseren Eindrang
der Juden Allerhöchst zugesicherten Rechten aufs äusserste
verletzen würde. Obwohl nun auch die livländische Gouvernementsregierung sich auf die Seite des Raths stellte,
so hatte die Judenschaft doch einen einflussreichen Fürsprecher in dem Generalgouverneur Fürsten Suworow

---

[1] Akte des Rig. Raths Nr. 9 Vol. I, jetzt im Archive der Steuerverwaltung. — Die Schlachtsteuer (Korobka) zum Besten der Schule
betrug 50 Kop. S. für jedes Stück geschlachteten Hornviehs.
[2] Wunderbar, Geschichte der Juden, S. 13—15.

gefunden, der die Entscheidung dieser Angelegenheit dem Minister des Innern Grafen Perowsky anheimstellte. Des Ministers Meinung gab den Ausschlag, er erklärte, dass das Verbot, unbewegliches Eigenthum zu erwerben, nur jeden Juden persönlich angehe und nicht auf die ganze Gemeinde bezogen werden könne, er fände es gerecht, den Juden in Riga zu gestatten, in der Moskauschen Vorstadt zum Gottesdienste der Gemeinde ein eigenes Gebäude zu haben.[1]

Im Laufe der seit der Zeit verflossenen 48 Jahre sind die Judenherbergen ganz eingegangen, es ist den Juden seit langer Zeit schon gestattet, überall in der innern Stadt und in den Vorstädten nach ihrem Belieben Wohnung zu nehmen. Der früher bestandene Unterschied zwischen Stadt und Vorstädten wurde auch seit der Zeit, wo Riga aufhörte, Festung zu sein, und die Festungswerke abgetragen wurden, vollständig verwischt, sodass das für die Juden jahrhundertelang aufrecht erhaltene Verbot, in der innern Stadt zu wohnen, weiter keinen Sinn hatte. Entsprechend der in den letzten fünf Jahrzehnten stets wachsenden jüdischen Bevölkerung, hat sich auch die Zahl der Kultus- und Schulanstalten bedeutend vermehrt. Am Schlusse des Jahres 1897 gab es in Riga 3 Synagogen (2 in der Moskauschen und 1 in der Mitauschen Vorstadt), 9 Bethäuser (1 in der inneren Stadt, 1 in der Petersburgschen, 4 in der Moskauschen und 3 in der Mitauschen Vorstadt) und 6 Schulen (2 in der Stadt, 4 in der Moskauschen Vorstadt).[2]

Die Befürchtung des Rigischen Raths, dass Riga im Laufe der Zeit mit Juden überfüllt sein werde (S. 100), war

---

[1] Akte des Rig. Raths Nr. 317, jetzt im Archive der Steuerverwaltung. Reskript des Fürsten Suworow an die livl. Gouv.-Reg. vom 25. November 1850 Nr. 2296 und Reskript der Gouv.-Reg. an den Rath vom 19. Dezember 1850 Nr. 14190. — Der Bau der an der Bahnhofstrasse belegenen grossen Synagoge wurde erst 1868 nach dem Plane des Gouvernementsarchitekten Hardenack vom Maurermeister Krüger begonnen. Die Einweihung fand im August 1871 statt (Rigascher Almanach für 1873 nebst Abbildung).

[2] Bericht nach amtlichen Daten im Rigaer Tageblatt vom 1. Februar 1898 Nr. 26.

durchaus gerechtfertigt gewesen. Während 1846 nur etwa
400 Juden in Riga zum beständigen Wohnsitze zugelassen
wurden (S. 102) und während bei der 9. Seelenrevision im
Jahre 1850 zur Rigischen Hebräergemeinde im Ganzen 605
angeschrieben waren (289 männl. und 316 weibl. Geschlechts),[1]
sowie die Zahl der in jenen Jahren angereisten fremden
Juden zeitweilig nur einige hundert betragen mochte, wurden
bei der am 3. März 1867 stattgehabten Volkszählung 5254
ortsanwesende Juden (2769 männl., 2485 weibl. Geschlechts)
vorgefunden, was bei einer Gesammtbevölkerung von
102,590 Personen 5,12 % ausmachte. Bei der Zählung vom
29. Dezember 1881 betrug die Zahl der ortsanwesenden
Juden bereits 20,113 (9994 männl., 10,119 weibl. Geschlechts),
mithin bei einer Gesammtbevölkerung von 169,329 Personen
11,88 %. Aus den bisher veröffentlichten Resultaten der
letzten Volkszählung vom 28. Januar 1897 ist zu entnehmen,
dass die Gesammtbevölkerung Rigas damals 256,197 Personen betrug. Sollte die erstaunlich hohe Ziffer von fast
12%, die sich bei der Zählung von 1881 ergeben hatte,
unverändert geblieben sein, so würde 1897 die Zahl der
ortsanwesenden Juden ungefähr 30,400 betragen haben. Ihre
Zahl ist jedoch mehr oder weniger abhängig von der Nachsicht, die seitens der Polizei gegenüber den fremden Juden
geübt wird. Wir wissen, dass in den beiden letzten Jahrzehnten bedeutende Schwankungen nach dieser Richtung
hin stattgefunden haben, und da mag dann die Volkszählung von 1881 in eine Zeit grosser Nachsicht gefallen
sein, weshalb auf den Prozentsatz von 12 % nicht zu grosses
Gewicht zu legen ist. Wichtiger wäre es, zu erfahren, wie
hoch sich zur Zeit der letzten drei Volkszählungen die Zahl
derjenigen Juden belaufen hatte, die ein Recht auf beständigen Wohnsitz in Riga hatten. Leider stehen mir solche
Daten nicht zur Verfügung. Bekannt ist mir nur, dass die
Zahl der Juden, die ihren beständigen Wohnsitz in Riga

---

[1] Abschrift des Revisionsbuchs der Rigischen Hebräergemeinde für
die 9. Revision in der Akte des Rig. Raths Nr. 505 (jetzt im Archive
der Steuerverwaltung).

hatten, sich im Laufe des Jahres 1897 um 902 Köpfe vermehrt hatte und am Jahresschluss 18,817 (9165 männl., 9652 weibl. Geschlechts), d. i. ungefähr 7 % der Gesammtbevölkerung, betrug, von denen 12,235, also zwei Drittel, im ersten Stadttheil der Moskauschen Vorstadt wohnten.[1]

Wenn im Jahre 1811 dem Zivilgouverneur Repjeff (S. 86) bereits „die ungeheure Menge von Juden" in Riga aufgefallen war, — und es erwies sich doch nur, dass sich damals 736 in Riga aufhielten (S. 89), — welchen Ausdruck des Erstaunens würde er wohl brauchen, wenn er heute einen Spaziergang durch die Moskausche Vorstadt machte, oder auch nur um die Börsenzeit durch einige Strassen der innern Stadt ginge?

---

[1] Bericht nach amtlichen Daten im Rigaer Tageblatt vom 1. Februar 1898 Nr. 26.

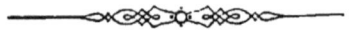

Beilagen.

1.

*Intimation der königlich polnischen Kommissare Bischof von Wenden
Otto Schenking, Jorgen Farnsbach, Matthias Leniek und Andreas Spill,
dass alle schottische und andere fremde Winkelkrämer, Juden und Landstreicher nirgend mehr in Livland geduldet werden sollen, es wäre denn,
dass sie Pässe von Riga, Dorpat oder Pernau hätten. Wenden auf allgemeinem Landtage den 7. Januar 1598. (S. 8.)*

*Rigisches Stadtarchiv, im sogen. äussern Rathsarchive Schrank V Fach 15, Land-
schaftssachen, Konvolut: Mandata wegen der Schotten und Juden. Drei gleichlautende
Originale mit den eigenhändigen Unterschriften und beigedrückten Siegeln der vier
Kommissare.*

Der kon. Mayt. zu Polen und Schweden etc. vnsers gnedigsten Herren
undenbeschriebene Commissarii thun hiemit kundt und zu wissen Jeder-
menniglichen, das von hochgedachter kön. Maytt. wir vnlangst ernstliche
Mandata empfangen, das alle Schottische und andere außheimische Winckelcrämer, Juden und Landstreichere, die mitt den Pudelkramen und sonsten
im Landt auff und nieder streichen, und nicht allen den grossen vnnd
kleinen Städten in Liefflandt, dan auch dem koniglichen Portorio zum
mercklichen Abgang ihren Underschleiff haben und allerley verfengliche
Handel und Wandel treiben, hinfürter nicht mehr solten gelitten, vielweniger dieselben gehauset oder geberberget werden, wan dan offenbar,
das solche frembde Vagabundi den einwohnenden Cramere nicht allein
allerley Beschwehr und Schaden thun, besondern auch sonsten vielerley
unbillige Auffsetze und Verfortheilung (anderer Gefahr zu schweigen) der
armen Leutte treiben, inmassen solches offters und sonderlich auff jetzigem
Landtag alhie geklaget und umb ernstlich Einsehen gebetten worden. Als
gebieten wir in Krafft angezogener koniglicher Mandaten hiemitt ernstlich
und wollen, das alle solche Juden, Winckelcrämer undt Landstreicher durch-
auß im gantzen Lande nirgendts mehr gelitten, geduldet, vielweniger gehauset oder geberberget, sondern, da sie sich uber diese Intimation, worüber ein erbar Ritter- und Landschafft mitt Ernst gehalten wissen will,
des Umbstreichens mitt ihren Pudelcramen nicht enthalten würden, gegen
sie durch jedes Ortts gesetzte Oberkeitt, insonderheitt aber durch die kleine
Städte, Wenden, Wolmar, Lembsal, Vellin, Kackenhausen, Trickaten, mitt
gebührender Straff durch Benehmung und Anhaltung des ihrigen, unnach-
leßlich verfahren werde, es were dan, das sie von der Stadt Riga, Dörpt
oder Pernaw einen Paß hetten. Uhrkundtlich mitt vnsere auffgetruckten
Insiegeln befestiget und gegeben zu Wenden auff allgemeinem Landtag den
7. Januarii anno 1598.

L. S.	L. S.	L. S.	L. S.
Otto Schenking	Jorgen Farnsbach	Mattey Leniek	Andreas Spill.
Epus: Vend:		pp.	

2.

Ordinanz für das Judenhaus in Riga, erlassen vom Rigischen Rathe am 5. April 1666. (S. 15.)

Rigisches Stadtarchiv, Missivae ad privatos Bd. 5 S. 31—32.

Juden Hauses Ordinantze
Wornach sich die alhie ankommende Juden zu
richten und zu halten.

1. Es soll alter Gewohnheit nach kein Jude anderswo alß auff der Lastadie in daß Ihme zur Herberge verordnete Hauß einkehren, damit Er seine Waaren daselbsten richtig angeben, und also aller Unterschleiff verhütet werden möge.

2. Sollen die Juden, wie auch andere ankommende Reußen ihren Brandtwein, welchen sie bey Winter oder Sommerzeit mit Schlitten oder Wagen anheroführen, nirgendt anderswo, alß in diesem hiezu verordnetem Hauße, [: dahin sie bey ihrer Ankunfft von den vorstädtischen Officirern gewiesen werden sollen:] einbringen, daselbsten den Brandtwein peyeln laßen, und nach verrichteter Peyelung, denselben an gebührenden Orte veraccisen, inmaßen dan der Brandwein vor Auffzeigung deß Accisszettuls vom Wirthe nicht soll auß dem Hoffe gestattet werden.

3. Soll der Wirth gutte Aufsicht und Acht druf haben, daß kein Frembder mit einem Frembden, sondern mit einem der Stadt eingeseßenen handle und an demselben seine Waaren verhandle.

4. Soll der Wirth, da ein Jude die Nacht über in der Stadt verbleiben solte, solches dem worthabenden Bürgermeister alsofort kundtthun.

5. Deßen soll der Wirth bey denen bey ihm einkehrenden wochentlich vor jedwede Person 10 mk. und vor ein Pferd Standtgeld alle Nacht 3 gr. zu heben befuget sein.

6. Wan der Wirth Heu und Futter helt, sollen die Frembde es von ihm kauffen und vor die Thonne bey Sommer alß Winterzeit 6 Groschen zahlen.

Publicatum den 5. Aprilis 1666.

3.

Ordinanz und Taxe für die Judenherberge in Riga, bestätigt vom Rigischen Rathe am 18. November 1724. (S. 29.)

Rigisches Stadtarchiv, Protokoll des Landvogteigerichts vom 14. November 1724, Bd. 69 S. 194—196.

Ordonnance und Taxa, wornach sich die allhie
seyende und ankommende Juden zu richten
und zu halten.

1. Es soll alter Gewonheit nach kein Jude anderswo, alß auff der Lastadie, in das ihm zur Herberge verordnete Hauß einkehren, damit seine Waaren daselbsten richtig angegeben und also aller Unterschleiff verhütet werden möge.

2. Sollen die Juden, wie auch andere ankommende Frembde aus Litthauen, Reus-, Chur- und polniß Lieffland ihren Brandwein, welchen sie bey Winter- oder Sommerzeit mit Schlitten oder Wagen anheroführen, (außer wenn die Brücke über die Duna geleget und sie darüber kommen müßen,) nirgends anderswo, alß in dieses hiezu verordnete Hauß, dahin sie bey ihrer Ankunfft von denen vorstädtschen Officieren gewiesen werden sollen, einbringen, daßelbsten den Brandtwein pögelen laßen und nach verrichteter Pögelung solchen sowohl bey der Kayserl. Recognitioncammer, alß auch bey dem Stadtacciskasten angeben und veraccisen. Immaßen dann der Brandwein vor Auffzeigung des Recognitions- und Acciszettels von dem Wirthe nicht soll ausm Hoffe gestattet werden und er für jedwedes Brandweinsgefäß für Standtgeld biß 100 Stoff 1/8 Rthl. Alb., und vor ein groß 1/4 Rthl. Alb. zu nehmen befugt sein.

3. Soll der Wirth gute Auffsicht und Acht darauff haben, daß kein Frembder mit einem Frembden, sondern mit einem der Stadteingeseßenen handle und an demselben Orthe seine Waaren verhandle.

4. Soll der Wirth, da ein Jude die Nacht über in der Stadt verbleiben solte, solches dem worthabenden Herrn Bürgermeister alsofort kundthun.

5. Soll der Wirth von denen bey ihme Einkommenden, welche nur 3 a 4 Wochen bey ihme logiren, vor jedweder Persohn wochentlich 10 mk. gut Geld oder 2 fl. Albert, und vor ein Pferd Standgeld alle Nacht 2 Ferding zu heben befugt seyn. Wenn aber Jemand seiner nothwendigen Affairen wegen länger hier verbleiben muß, wie auch, wenn Jemand Weib und Kinder mit sich hat, oder von dem Wirthe Holtz und Licht nimt, soll er deswegen mit demselben apart einen billigmäßigen und leidlicheren Verding machen.

6. Wann der Wirth Heu und Futter hält, sollen die Frembden, jedoch vor marcktgängigen Preiße es von ihme zu kauffen verbunden seyn.

Den 18. Novembr. a. c. ist obstehende Ordonnance und Taxa Einem WohlEdlen Rahte vorgetragen und von selbigem approbiret worden.

4.

Publikation des Rigischen Raths vom 25. April 1765, betr. den dem Juden Bähr Allerhöchst gestatteten Handel, das Verbot an die Juden, mit Kram- und Trödelwaaren zu handeln, das Gebot, in der Judenherberge zu wohnen und sich nicht länger als 6 Wochen hier aufzuhalten. Riga den 25. April 1765. (S. 66 und 67.)

Nach dem Druck in den Rigischen Anzeigen vom 2. Mai 1765, Stück XVIII, S. 113—114.

Demnach zufolge Ihro Kayserl. Majestät unserer allergnädigsten Souveraine unter Dero allerhöchsten eigenhändigen Namens Unterschrift den 22sten mensis pt. ergangenen Befehls, dem Juden Bähr verstattet worden, seine Fahrzeuge mit Pohlnischen Producten hieher kommen zu lassen; diesem aber sowohl als denen mit seinen Fahrzeugen herabkommenden Juden, so wie auch denen sich hieraufhaltenden neureußischen Kaufleuten und sonst ab- und zureisenden Juden durch aus keinerley Handel mit Craam-Waaren allhier zur Kränkung und Beeinträchtigung der wohlerworbenen Vorrechte der hiesigen Cramer-Compagnie zu treiben, und in der Absicht sothane Waaren weder von andern Orten herein zu bringen, noch allhier zu erhandeln erlaubet seyn soll: so wird hiemittelst von Em. Wohl-Edlen Rath, allen diesen ernstlich und bey Confiscation der Waaren und anderer willkührlichen Strafe angedeutet, sich auf irgend einige Weise mit Veräusserung der Craam-Waaren, sie haben Namen wie sie wollen, und mögen hier erkauft, oder von andern Orten herein geführet seyn, unter welchen Vorwand es auch immer seyn möge, allhier nicht zu befassen, und weder in ihrem Quartiere feil zu halten, noch in andere Häuser abzulegen, noch auch auf der Strasse herumzutragen; da ihnen aber unverboten ist, Craam-Waaren allhier von hiesigen Crämern oder Bürgern, denen der Verkauf erlaubt ist, als Retour-Waaren, zum Behuf ihres Handels, nach andere Orten einzukaufen; so sollen sie dennoch zu desto besserer Verhütung alles besorglichen Unterschleifs, auch solche allhier eingekaufte Craam-Waaren, nicht sogleich zu sich zu nehmen, oder bey andern abzulegen, berechtiget seyn; sondern es sollen selbige, nachdem sie durch Vorsorge des hiesigen Verkäufers bey dem Zoll Contoir, wohin es gehöret, angegeben und versiegelt werden, entweder daselbst oder bey dem Verkäufer, oder sonst an einem andern öffentlichen Orte, bis zur Abreise des Juden, oder Expedirung der Waaren über die Gränze, verwärlich aufbehalten werden. Um damit den Juden unter dem Vorwande Kleider einzukaufen, oder zu verkaufen, alle Mittel und Gelegenheit, heimlich Craam-Waaren allhier in denen Häusern zu verhandeln benommen, auch dadurch der Einkauf und die Verhelung der gestolnen Sachen verhindert werde: so wird denenselben der Trödel-Handel mit neuen und alten Kleidern, gleichfalls hiedurch auf das nachdrücklichste und bey ohnfehlbarer unausbleiblicher Confiscation sothaner Kleider, oder nach Beschaffenheit der Umstände anderer willkührlichen Strafen gänzlich inhibiret. Wornächst obgemeldete Juden sogleich nach ihrer Ankunft, sich bey dem Wirth, in der Juden-Herberge, Johann Benjamin Bencken zu melden, ihre Namen verzeichnen zu lassen, und das für sie daselbst bestimmte Quartier zu beziehen verbunden seyn sollen. Auf den Entstehungs-Fall aber und wann sie sich nicht angegeben hätten oder sich anderwärts einquartieren würden, selbige auf Verfügung Es. Edlen Land-Vogteyl. Gerichts mit der Wache eingeholet, und zur wohlverdienten Strafe wegen ihres bezeigten Ungehorsams gezogen werden sollen. Und endlich wird vorerwähnten ab- und zureisenden Juden hiemit obrigkeitlich angedeutet; daß sie sich jedesmal, wann sie hieher kommen, nicht länger als 6 Wochen bey nachdrücklicher Straf, allhier aufzuhalten befugt seyn sollen. Wornach sich alle,. die es angeht, gehorsamlich zu achten und für Strafe zu hüten haben. Publicatum Rigae, den 25sten Aprilis 1765.

5.

Taxe für die Judenherberge in Riga, erlassen vom Rigischen Rathe am 3. Juni 1765. (S. 63.)

Nach einem gedruckten Exemplar.

TAXA

wie viel ein Jude an den in der Juden Herberge Obrigkeitlich bestelleten Wirth zu zahlen hat.

Für Quartier nebst Streubett Tag und Nacht
in den Sommermonathen . . . . 4 Färd.
in den Wintermonabten . . . . 6 „
Für eine Bettstelle nebst Streu darinnen, da selbige mehr Räumde
erfordert ein Färding mehr
„ und also in den Sommermonathen . . . . 5 „
„ in den Wintermonathen . . . . 7 „
Für ein aufgeräumtes Zimmer, darinnen Tisch und Stühle befindlich, ein Tischtuch und Handtuch, Licht und Leichter,
imgleichen erfordernden Falls das nöthige Küchen-
Geräthe gereichet und hiernächst eine Persohn zur
nöthigen Handreichung der Gäste gehalten wird,
„ in den Sommermonathen á Tag und Nacht . . . . . . 14 „
„ in den Wintermonathen á Tag und Nacht . . . . . . 20 „
wann ein dergleichen Zimmer von einer oder höchstens
von 3 Personen bewohnt wird, in soferne aber vier
oder mehrere Personen ein dergleichen Zimmer zugleich bewohnen, muss ausser den 14 oder 20 Färding,
wozu alle gemeinschaftlich contribuiren, annoch eine
jede Person zwey Färding á Tag und Nacht besonders
zahlen.
Für Holz zum Eßen, Thee und andere dergleichen Sachen zu
kochen, á Tag . . . . 4 „
Für ein aufgemachtes Feder-Bett auf eine Person á Nacht . . 6 „
Für Stallraum für ein Pferd á Tag und Nacht . . . . . . 2 „
„ ein Lof Haber . . . . 40 „
„ ein Griest Heu von circa 10 Pfund . . . . 4 „
„ ein Bund Stroh . . . . 2 „
„ einen Wagen unter Abdach á Tag und Nacht . . . . . 4 „

Publicatum Rigæ den 3 Junii 1765.

(L. S.)

6.

Namentlicher Befehl der Kaiserin Katharina II. an den livländischen Generalgouverneur v. Browne, wodurch die Beschwerde des Faktors der neureussischen Kaufleute Benjamin Baehr über den Rigischen Rath abgewiesen und anerkannt wird, dass der Rath sich in allem gerechtfertigt habe, jedoch soll das Judengeleitgeld von 3 Albertsthalern nicht mehr erhoben werden. St. Petersburg den 9. Januar 1766. (S. 67.)

Nach dem Original im Archive der livländischen Generalgouverneure in Riga. Eine beglaubigte Abschrift nebst deutscher Uebersetzung im Rigischen Stadtarchive, Generalgouvernementliche Reskripte von 1766 Bd. 1, als Beilage zum Reskript des Generalgouverneurs Browne vom 16. Januar 1766 Nr. 113.

Господинъ Генералъ-Губернаторъ Броунъ. По челобитной фактора Новороссійскихъ Купцовъ Беньямина Бера на Магистратъ Рижской, присланное вами объясненіе Мы разсмотрѣли и нашли, что Магистратъ Рижской совершенно во всемъ себя оправдалъ, чего ради помянутому жалобщику Беру въ томъ, что въ челобитной его прописано было и отказать имѣете пристойнымъ образомъ. Но что Магистратъ Рижской, доказывая свое право въ собираніи трехъ альбертовыхъ талеровъ на начальствующаго Бургомистра и другихъ нѣкоторыхъ персонъ, проситъ въ томъ Нашего подтвержденія, приводя въ документъ заключенное примиреніе въ 1679ᵐ году между городскимъ магистратомъ и мѣщанствомъ, и сверхъ того въ доказательство представляетъ, посланную вѣдомость Президенту Исаеву въ 1714ᵐ году декабря 9ᵍᵒ дня о таковыхъ же подаркахъ, Магистрату отъ купцовъ чинимыхъ, то первое Мы почитаемъ за самопроизволное учрежденіе, а другое за простую вѣдомость, которыя ни въ какой документъ Магистрату служить не могутъ: а какъ уже о таковыхъ акциденціяхъ въ комиссіи о коммерціи рижской Нами рѣшено, то на сей случай и рѣшенія болѣе ни какого не надобно.

Екатерина.

Генваря 9 дня 1766 года.
Санктъ Петербургъ.

Die gleichzeitige, vom Sekretair und Translateur des Rigischen Raths, Jakob Rodde, angefertigte Uebersetzung lautet:

Herr General Gouverneur! Die von Ihnen eingesandte Erklärung auf die Klage des Factors der neureussischen Kaufleute Benjamin Baehr wieder den rigischen Magistrat haben Wir durchgesehen, und gefunden, daß bemeldeter Magistrat sich in allen vollkommen gerechtfertiget hat; dahero Sie bemeldeten Kläger Baehr mit seiner Klage und zwar nach denen in seiner Klagschrifft angeführten Puncten, auf eine geziemende Art abzuweisen haben. Was aber selbiger Magistrat von seiner Berechtigung, für den wortführenden BürgerMeister und einige andere Personen drey Thaler alberts zu nehmen, deducirt, und sich Unsere Bestätigung darüber ausbittet, anbey den im Jahre 1679 zwischen dem Stadt-Magistrat und der Bürgerschafft getroffenen Vergleich[1] als ein Document, und das

---

[1] Siehe S. 41 Anmerkung 2.

den 9ten December 1714 an den President Isajew abgelassene Avertissement, [1]
betreffend dergleichen Geschenke, welche von den Kaufleuten dem Magistrat gemacht werden, zum Beweiß anführet; so halten Wir das erstere
für eine eigenwillige Verordnung, das zweyte aber für eine bloße Nachricht
welche dem Magistrat zu keinen Documenten dienen können: Und da der
Punct wegen dergleichen accidentien von uns schon bey der Commission
wegen des rigischen Commercii entschieden ist: so ist auch in diesem
Fall keine weitere Entscheidung erforderlich.

St. Petersburg	In fid. vers.
den 9ten Januarii	J. Rodde
1766.	Scrs. et Transl.

7.

*Patent des livländischen Generalgouvernements, betreffend Ein-
schärfung des Verbots, Juden im Lande zu hegen oder zu irgend
welchen Diensten, namentlich nicht zum Brandweinbrennen zu halten.
Riga den 23. Januar 1766. (S. 69.)*

Nach dem Druck in den Rigischen Anzeigen vom 30. Januar 1766, Stück V, S. 31—32.

Auf Befehl Ihro Keyserl. Majestät Catharina Alexiewna,
Kayserin und Selbstherrscherin aller Reussen etc. etc. etc.

Obgleich durch verschiedene emanirte Patente verfüget worden; daß
Niemand im Lande die Juden hegen, oder zu irgend einigen Diensten gebrauchen soll.

So hat man doch mißfällig vernehmen müssen, daß unterschiedene
Possessores, Juden zu allerley Gewerbe, und insonderheit zu Brandteweins-
Brennen bey sich halten.

Wann nun dieses Unternehmen, denen wegen der Juden existirenden
allerhöchsten Befehlen zuwider läuft, auch selbst zum Ruin des Landes,
und insonderheit, der Bauren gereichet.

So wird hiemit iterato, aufs schärfste befohlen; daß alle diejenigen,
welche Juden bey sich halten, solche längstens innerhalb vier Wochen
abschaffen, und niemand jemals einen Juden wieder aufnehmen, oder irgend
zu einer Arbeit und Gewerbe, in seinen Diensten halten soll.

Wer hierwider handelt, wird ohne Nachsicht das erstemal mit Ein-
hundert Gold-Gülden Strafe beleget, und bey weiterem Ungehorsam als
ein Uebertreter der Obrigkeitlichen Verordnungen von dem Actore Officioso
in Ansprache genommen werden. Wornach sich alle, die dieses angehet,
zu richten haben. Riga-Schloß den 23ten Januar. 1766.

(L. S.)

---

[1] Aulica Bd. 28 S. 196. Dieses Schreiben an den Präsidenten des Raths Ilja Issajew
enthielt u. A. in der That nur die verlangte Auskunft über die Accidentien der Rathsglieder.

8.

Verordnung des Rigischen Raths für die in Riga ankommenden Juden vom 8. Februar 1766. (S. 68.)

Nach einem gedruckten Exemplar.

Verordnung

wornach sich die alhie kommende Juden zu richten haben.

Nachdem Ihro Kayserl. Majest. Kraft Höchst-Deroselben unterm 9 Januarii 1766, an Seiner Excellence den Herrn General en Chef General Gouverneur und Ritter von Browne eigenhändig abgelaßenen Schreibens, auf die allerunterthänigste Vorstellung Eines Wohledlen Rahts, wieder die von denen Juden eingereichte Beschwerden, allergnädigst zu befehlen geruhet, daß es bey denen von dem Magistrate, wegen derer hieher kommenden Juden gemachten Anordnungen und publicirten Verfügungen und Taxa verbleiben solle; So hat Ein Wohledler Raht solche Allerhöchst approbirte Verfügungen in eine Verordnung, wornach sich die hieher kommende und handelnde Juden zu richten und zu verhalten schuldig seyn sollen, zu verfaßen, und zu dererselben Wißenschaft folgendermaaßen durch den Druck bekant zu machen, für nöthig erachtet.

1.) Alle Juden, welche ihrer Handlung wegen alhie ankommen, sollen verbunden seyn, sogleich nach ihrer Ankunft sich bey dem jetzt Obrigkeitlich bestelleten Wirthen, in der ohnweit der Johannis Pforte in der Vorstadt belegenen Juden Herberge, Johann Benjamin Bencken zu melden, ihre Nahmen verzeichnen zu laßen, und das für Sie daselbst bestimmte Quartier zu beziehen. Auf den Entstehungsfall aber, und wann Sie sich nicht angegeben haben, oder sich anderwerts einquartiren würden, selbige auf Verfügung Eines Edlen Landvogteylichen Gerichts mit der Wache eingeholet, und zur wohlverdienten Strafe wegen ihres bezeigten Ungehorsams gezogen werden sollen.

2.) Was und wie viel ein jeder Jude, dem in der Juden Herberge bestelleten Wirthe für Quartier, Stallraum, Heu, Haber, etc. zu zahlen hat, darüber ist von Einem Wohledlen Rathe den 3ten Junii 1765 eine Taxe gemacht und am Ende dieser Verordnung beygefüget worden, wornach sich sowohl der Wirth als die Juden zu richten schuldig sind.

3.) Damit Ein Edles Landvogteyliches Gericht zuverläßig wißen kan, in welcher Absicht, und ob eine Jude des Handels wegen hiehergekommen, und wie lange derselbe sich alhier aufgehalten habe, so soll ein jeder alhie ankommender Jude, so gleich oder den andern Tag nach seiner Ankunft sich bey dem Herrn Bürgermeister und Ober-Landvogt melden, welcher Ihme nach Befinden der Umstände einen gedruckten Schein, worin der Tag seiner Ankunft notiret, so gleich ohne den geringsten Endgeld, ganz frey und umsonst geben wird. Derjenige Jude, welcher einen solchen Schein abzufordern unterläst, soll mit nachdrücklicher Strafe beleget werden.

4.) Es soll niemand einen Juden bey 100 Reichsthaler Strafe aufnehmen und Quartier geben, dagegen nur diejenige Juden, welche dazu von der hohen Obrigkeit priviligiret sind, und darüber von Einem Edlen Landvogteylichen Gerichte frey-Billets erhalten, Quartiere in der Vorstadt zu miethen die Freyheit haben.

5.) Da auf Ihro Kayserliche Majestät Allerhöchsten eigenhändigen Befehl denen Juden die Freyheit gegeben worden, hieher zu kommen und einen Handel zu treiben, um den auswärtigen Handel und insonderheit den mit Pohlen, Litthauen und Curland weiter zu befördern und ausbreiten zu helfen; So mögen Dieselbe Getraide, Saaten, Hanpf, Flachse, Aschen, Wachs, Honig, Talg, Leder, und allerley Holzwaaren frey hieher führen und alhie veräußern, so viel und so oft Sie wollen. Jedoch sind Sie verbunden nach der hiesigen Wett Ordnung ihre hieher gebrachte Waaren an keinen als an einen hiesigen Bürger zu verkauffen oder darüber Contracte zu schließen.

6.) Einem jeden mit Pohlnischen, Litthauschen und Curländischen Producten zu Waßer oder zu Lande anherokommenden Juden wird hiemit bey Vermeidung Gerichtlicher Strafe angesonnen, selbige nach Vorschrift der hiesigen Wet-Ordnung Cap. II. §. 14. längstens innerhalb 4 Wochen an einen hiesigen Bürger und an keinen andern, er möge seyn, wer er wolle, zu verkauffen, bey Confiscation derer Waaren.

7.) Wird allen und jeden ab- und zureisenden Juden ernstlich und bey Verlust derer Waaren und anderer wilkührlichen Strafe verbohten, sich auf irgend einige Weise mit Veräußerung und Verkauffung der Krahmwaaren, sie haben Nahmen wie sie wollen, und mögen alhie erkauft, oder von andern Orthen herein geführet seyn, unter welchem Vorwande es auch immer seyn möge, zu keiner, mithin auch nicht zur Jahrmarktszeit, zu befaßen, und weder in ihren Quartieren feil zu halten, noch auch auf der Straße herum zu tragen.

8.) Dagegen soll Ihnen zwar verstattet und unverbohten seyn, Krahmwaaren alhie von hiesigen Krämern oder Bürgern, denen der Verkauff erlaubet ist, als Retourwaaren zum Behuff ihres Handels nach anderen Orthen einzukauffen; Jedoch sollen Sie zu desto beßerer Verhütung alles besorglichen Unterschleiffs solche alhie eingekaufte Krahmwaaren nicht so gleich zu sich zu nehmen, oder bey andern abzulegen berechtiget seyn; Sondern es sollen selbige, nachdem sie durch Vorsorge des hiesigen Verkäuffers bey dem Zoll-Contoir, wohin es gehöret, angegeben und versiegelt worden, entweder daselbst, oder bey dem Verkaüffer, oder sonst an einem Ihm anzuzeigenden öffentlichen Orthe, bis zur Abreyse des Juden, oder expedirung der Waaren über die Grenze, verwarlich aufbehalten werden.

9.) Damit aber denen Juden, welchen auf Allerhöchsten Befehl nur der Handel mit Pohlnischen, Litthauschen und Curlandischen Producten alhie zu treiben, Allergnädigst verstattet worden, unter dem Vorwande Kleider einzukauffen oder zu verkauffen, alle Mittel und Gelegenheit heimlich Krahmwaaren alhie in denen Häusern und in ihrer Herberge zu verhandeln benommen, auch dadurch der Einkauff und die Verhelung derer gestoblenen Sachen verhindert werde; So wird Denenselben der Trödelhandel mit neuen oder alten Kleidern, Haußgerähte und Meubles hiedurch auf das ernstlichste und bey ohnfehlbarer unausbleiblicher Confifcation sothaner Kleider und Meubles, oder nach Beschaffenheit der Umstände, anderer willkührlichen Strafe gänzlich verbohten.

10.) Es soll kein Jude, von einem Soldaten, Dienstbohten, unbekannten und verdächtigen Persohnen oder Unmündigen einige Sachen, sie mögen von hohen oder geringen Werthe seyn, kauffen, eintauschen oder zum Unterpfande nehmen, sondern er soll schuldig und gehalten seyn, wann Ihm von obbeschriebenen Leuthen, etwas zum Verkauff oder Unterpfand angebohten würde, solches anzuhalten, und bey Einem Edlen Landvogteylichen Gerichte anzugeben, wiedrigenfals Er als ein Heler und Dieb angesehen und nach Befinden der Umstände auf das schärffeste nach denen Gesetzen gestrafet werden soll.

11.) Es wird allen und jeden Juden, da Sie nur des Handels wegen hieher zu kommen und sich einige Zeit aufzuhalten die Freyheit erhalten, hiemit untersaget, einige Handwerks Arbeit, so denen alhie etablirten Gewerken und Amtern alleine zukomt zu verfertigen oder zu verkauffen. Auf den Betretungsfall soll Er nach Befinden der Umstände mit schwerer Strafe angesehen werden.

12.) Diejenige Juden, welche von schlechter und verdächtiger Aufführung sind, und alhie keine Affaires haben, sondern sich müßig herumtreiben, sollen auf Verfügung Eines Edlen Landvogteylichen Gerichts aufgesuchet, gegriffen und über die Grenze gebracht werden.

13.) Kein Jude soll sich in dieser Stadt Jurisdiction als Brandweinsbrenner oder Krüger engagiren oder sonsten in Diensten begeben, bey Strafe über die Grenze gewiesen zu werden.

14.) Ein jeder Jude, welcher des Handels wegen zu Waßer oder zu Lande anhero kommt, soll nicht länger als 6 Wochen alhie sich aufzuhalten, die Freyheit haben, bey Vermeidung ernstlicher Strafe.

Publicatum den 8. Febr. 1766.

(L. S.)

9.

Instruktion für den Wirth der Judenherberge in Riga, erlassen vom Rigischen Rath am 8. Februar 1766. (S. 68.)

Nach einem gedruckten Exemplar.

INSTRUCTION

Für den in der Juden-Herberge von Einem
Wohledlen Rathe bestellten Wirthen.

1. Soll Er schuldig seyn die Nahmen derer Juden, welche allhie ankommen und in der Juden-Herberge Quartier nehmen, wie auch derjenigen, welche von hinnen reisen, in einem Buche ordentlich aufzuzeichnen und bey Einem Edlen Landvogteylichen Gerichte davon eine Specification wochentlich abzugeben.

2. Bey Ankunft eines jeden Juden soll Er demselben die gedruckte Juden-Verordnung zu seiner Nachricht und Nachlebung bekannt machen, und selbige Verordnung zu dem Ende in den Wohnzimmern daselbst affigiren.

3. Wann Er erfahren und bemerket, dass ein Jude obgedachter Verordnung zu wieder handle und nicht alle Punkten nachlebe, so soll Er solches Einem Edlen Landvogteylichen Gerichte anzuzeigen, verbunden seyn, damit die Uebertretere dieser Verordnung zur gebührenden Strafe gezogen werden mögen.

4. Da, nach der Verordnung, ein jeder hier ankommender Jude, sogleich oder den andern Tag nach seiner Ankunft sich bey dem Herrn Bürgermeister und Ober-Landvogt melden und um einen Schein, welcher ihm umsonst gegeben und worin der Tag seiner Ankunft notiret werden wird, anhalten soll; So wird dem Wirthen die Anweisung gegeben von einem jeden ankommenden Juden den andern Tag einen solchen Schein zu verlangen, und in Ermangelung deßelben solches Einem Edlen Landvogteylichen Gerichte anzuzeigen.

5. Der Wirth soll einem jeden Juden, der des Handels wegen sich allhier 6 Wochen aufgehalten, errinnern wieder von hinnen zu reisen, daferne der Jude dem aber nicht nachkomt, solches Einem Edlen Landvogteyliche Gerichte zur weitere Verfügung bekannt machen.

6. Es wird dem Wirthen hiemit bey Vermeidung ernstlicher Strafe verbothen mit keinem Juden einen gemeinschaftlichen Handel zu treiben oder Ihm in Veräußerung und beym Verkauf einiger Krahmwaaren behülflich zu seyn, vielmehr wird Ihm angesonnen, wann Er einige Wissenschaft erhalten, daß ein Jude Krahmwaaren hieber geführet und entweder heimlich oder öffentlich in seinem Quartier feil halte oder auf den Straßen herumtrage, solches Einem Edlen Landvogteyliche Gerichte zu melden.

7. Da, denen Juden der Trödelhandel mit neuen oder alten Kleidern, Hauß-Geräthe und Meublen verbothen, so wird dem Wirthen hiemit auferleget darauf zu sehen daß diesem Verbothe von denen Juden in der Herberge nicht zuwiedergehandelt werde; In Entstehung deßen aber solches Einem Edlen Landvogteylichen Gerichte anzuzeigen.

8. Wann der Wirth selbst wahrnehmen oder von andern die Nachricht erhalten mögte, daß eine Jude, von einem Soldaten, Dienstbothen, unbekannten und verdächtigen oder gar unmündigen Personen einige Sachen gekaufet, eingetauschet oder zum Unterpfande genommen, so soll er solches Einem Edlen Landvogteylichen Gerichte bey Vermeidung schwerer Strafe bekannt zu machen, schuldig und verbunden seyn.

9. Der Wirth soll darnach sehen, daß ein jeder Jude welcher in der Herberge Quartier genommen sich auch des Nachts daselbst einfinde und aufhalte.

10. Da dem jetzigen Wirthen in der Juden Herberge Johann Benjamin Bencken auf sein geziemendes Ansuchen von Einem Wohledlen Rathe den 15. December 1764. ein Privilegium alleine mit Ausschließung aller andern eine Juden-Herberge zu halten, auf funfzig Jahren dergestalt ertheilet worden, daß Er das erste Jahr ein Frey-Jahr genießen, das zweyte Jahr 5 Reichs-

ₜhaler Alberts, das dritte Jahr 10 Reichsthaler Alberts, das vierte Jahr 20 Reichsthaler Alberts, das fünfte Jahr 30 Reichsthaler Alberts, und so bis zum Ablauf derer 50 Jahre jährlich 30 Reichsthaler Alberts, als eine Recognition an die Stadt zu entrichten, gehalten seyn soll; Als wird Ihm die Anweisung gegeben, diese Ihm auferlegte Recognition abangezeigter-maaßen jährlich am Stadtkasten gegen Quitung zu bezahlen, auch sich übrigens nach dieser Ihm ertheilten Instruction und der hiebey gefügten Taxa unabweichlich zu richten.

Publicatum den 8. Febr. 1766.

(L. S.)

10.

Publikation des Rigischen Raths, dass die ankommenden Juden, mit Ausnahme der privilegirten und derjenigen, die auf den Flössen und Strusen zu bleiben genöthigt sind, nur in der Judenherberge einkehren sollen, auch sollen sich diejenigen abreisenden Juden, die bereits Pässe von der livländischen Generalgouvernementskanzellei erhalten haben, nicht länger als zwei Tage in Riga aufhalten dürfen. Riga den 5. Juni 1769. (S. 104.)

Rigisches Stadtarchiv, *Missivae Bd.* 28 S. 606—8. Auch in besonderem Drucke erschienen.

Wann der die hiesige Juden Herberge haltende obrigkeitlich authorisirter Juden Wirth Johann Benjamin Bencken zur Beschwerde vorgestellet, daß die anhero kommende Juden, den von Em. WohlEdl. Rathe getroffenen Verfügungen entgegen, nicht in die von ihm erbauete privilegirte Juden-Herberge einkehrten, sondern auf den Höllmern, Flößern, in ihren Jarussen und auf den Johannisdamm sich aufhielten, hierdurch aber sowohl den obrigkeitlichen Befehlen entgegen gehandelt als auch zu mancherley Unordnungen Anlaß und Gelegenheit gegeben wird; So hat Ein WohlEdler Rath zur Abstellung dieser Unordnung in Anleitung des von der Liefländischen General Gouvernements Canzelley eingegangenen Rescripts nicht nur sämtlichen Einwohnern der Vorstadt, auf den Hölmern und vom Johannisdamm wiederholentlich die obrigkeitliche Anweisung bey unausbleiblicher Strafe geben wollen, auf keine Weise die ab- und zureisende Juden bey sich aufzunehmen, oder ihnen Quartier bey sich zu verstatten, vielmehr selbige von Sich ab- und nach der Juden Herberge hin zu weisen, sondern auch den Juden selbst, von welchen jedennoch die privilegirte und diejenige Juden ausgenommen sind, welche auf den Flößern und Strusen bey ihren herabgebrachten Waaren zu bleiben genöthiget sind, hiemit auf das ernstlichste anbefehlen wollen, bey ihrer Anherokunft nirgend anderswo als in der Juden Herberge für die obrigkeitlich festgesetzte Taxa ihr Quartier zu nehmen.

Und da es sich hiernechst hervorgethan, daß verschiedene Juden nach ihren von der Liefländischen General Gouvernem: Canzelley erhaltenen Päßen sich noch einige Zeit allhier aufhalten; So hat E. WohlEdl. Rath zur Verhütung des daraus zu befürchtenden Misbrauchs hiedurch den Juden auf das schärfste anbefehlen wollen, sich nach erhaltenen Päßen allhier nicht über zwey Tage aufzuhalten, unter der Verwarnung, daß solche Juden, welche sich, nachdem sie ihren Paß empfangen, über der festgesetzten Zeit allhier würden finden laßen, ohnfehlbar zur Erlegung einer Strafe von zehn Rthl. Albr. angehalten werden sollen. Wornach diejenige, die es angehet, sich zu richten und für Strafe zu hüten haben. Publicatum Riga Rathhaus den 5. Junii 1769.

11.

Instruktion für den Aeltesten der Judengemeinde in Riga, erlassen vom Rigischen Landvogteigerichte am 20. November 1783. (S. 76).

Rigisches Stadtarchiv, Protokoll des Landvogteigerichts vom 20. November 1783, Bd. 139 S. 77—82.

Instruction für den hiesigen Aeltesten der
Juden-Gemeine.

1. Der Aelteste, als das Haupt der ganzen sich zur hiesigen Synagoge haltenden Gemeine soll jederzeit aus den Gliedern der hiesigen Schutz-Juden-Gemeine conjunctim von einigen hiesigen und einigen fremden Juden, die Ein Edles Landvogteyliches Gericht jedesmahl vorher dazu authorisiren wird, durch Mehrheit der Stimmen erwählt werden, jedoch sein Amt eher nicht, als nach erhaltener Es. Edlen Landvogteylichen Gerichts Wahlbestätigung antreten.

2. Alle Jahr, im May-Monat wird zur neuen Wahl geschritten, bey der jedoch der vorige Aelteste aufs neue bestätiget werden mag. Die erste erneute Wahl soll inzwischen eher nicht als im Jahr 1785 vor sich gehen.

3. Des Aeltesten hauptsächlichste Pflicht gehet dahin, auf die gehörige Beobachtung der jüdischen Religions-Gebräuche zu halten, damit die anher reisenden Juden in ihrem Gottesdienste auf keine Weise geirret werden.

4. Der Aelteste schlichtet mit Zuziehung zweyer Gelehrten, oder auch zweyer andren verständigen Männer, geringe zwischen Juden vorwaltende Händel. Wer mit dieser dreyen Männer Ausspruch nicht zufrieden ist, thut solches auf der Stelle dem Aeltesten mit gebührender Bescheidenheit kund, und wendet sich an Ein Edles Landvogteyliches Gericht, welchem der Aelteste über seine getroffene Entscheidung Rechenschaft geben soll. Alle Verordnungen will Ein Edles Gericht durch den Aeltesten an die Judenschaft gelangen lassen.

5. Der Aelteste hat die Ober-Aufsicht über die Synagoge; ohne sein Vorwißen soll der Vorsteher nichts in derselben anordnen, vielmehr, was jener für gut befindet, ohne Wiederrede ins Werck richten.

6. Wann sich keine Käufer der Ceremonien finden, kann der Aelteste zur Thora am Altar laßen, wen er will.

7. Die in ihrem Amte nachläßigen Schulbediente kann der Aelteste zum Versuch einer Beßerung auf einige Wochen von ihrem Dienste suspendiren; härtere Beahndungen und DienstEntsetzung sollen ohne Genehmigung Es. Edlen Landvogteylichen Gerichts nicht stattfinden.

8. Der Aelteste empfängt am Schluß jeglichen Monats das Geld, welches der Vorsteher mit seinen Umgängen, in der Büchse eingesamlet.

9. Bey der Einnahme des Ceremonien-Geldes am Neujahrs- und großen Versöhnungsfeste muß der Aelteste und Vorsteher jederzeit, und wann der Aelteste ein Mitglied der Todten-Brüderschaft ist, auch bey der Begräbniß-Einnahme gegenwärtig seyn.

10. Der Beytrag einer jeden Person zur Bezahlung des Paradies-Apfels soll in nicht mehr als fünf Ferdingen bestehen, und wann die zur Anschaffung deßelben ausgelegten Kosten vergütet worden, weiter von Niemanden zwangsweise eingefordert werden dürfen. Nach vollbrachtem Feste behält der Aelteste den Apfel zu seiner freyen Disposition.

11. Alle Jahr im May Monat legt der Aelteste über seine Cassa-Verwaltung zween hiesigen und zween fremden Juden, die Ein Edles Landvogteyliches Gericht jedesmahl dazu ernennen wird, Rechnung ab.

12. Die Annahme des Cantoris und der Schulbediente geschieht durch die Wahl vier hiesiger und dreyer fremden Juden unter der Direction des mitwählenden Aeltesten; wann die Stimmen gleich getheilt sind, entscheidet das Loos. Diese Wahlmänner von jeder Seite werden vorher in einer besondern jederseitigen allgemeinen Zusammenkunft durch die Mehrheit der Stimmen ausgemittelt. Der Schächter muß überdies das Zeugniß zweyer Gelehrten über seine Amtstüchtigkeit vor sich haben.

13. An den großen Festtagen, wann der Cantor seinem Dienste nicht ohne Beyhülfe vorzustehen vermögend ist, wird ihm auf eben gedachte Wahlweise ein Gehülfe zugeordnet.

14. Der Aelteste hat die Aufsicht über den Kauscher-Wein, von welchem die Einkünfte nach wie vor des Levi Bamberger Wittwe verbleiben.

15. Den anherkommenden armen Juden, wann sie nicht muthwillige Bettler sondern wircklich nothleidende Personen sind, wird die Empfhehlung des Aeltesten zum Erhalt eines Almosen freyen Zutritt bey ihren Glaubensgenoßen zum Anspruch um eine milde Gabe bewirken. Doch soll der Aelteste dahin sehen, daß solche Fremdlinge mit dem ehesten wieder ihre Rückreise antreten.

16. Kein fremder Rabbine oder Cantor soll ohne Genehmigung des Aeltesten in der Synagoge vorbeten oder vorsingen dürfen.

17. Der Aelteste hält darauf, dass die Synagoge des Morgens, wann zum Thor-Aufschluß, und des Abends wann zum Thorschluß geläutet wird, zum Gebete eröfnet werde.

18. Der Aelteste trägt Sorge, daß jeder anreisende Jude, bey seiner Ankunft die Ceremonie ohne Bezahlung erhalte, desgleichen, daß einem jeglichen, an dem Trauertage über das Absterben seiner Aeltern, wie auch dem Manne, deßen Ehefrau nach ihrem Wochenbette den ersten Kirchengang, die Ceremonie frey ertheilet werde.

19. Für seine Bemühungen bey gewißenhafter AmtsVerwaltung wird der Aelteste auf den Dank und die Achtung seiner Glaubensbrüder sicher rechnen können und soll ihm zu weiterer Erkenntlichkeit, alle vier Wochen sich unentgeldlich einer Ceremonie zu bedienen, oder auch eignen Gefallens einen fremden Juden damit beehren zu können, verstattet seyn.

Nach welcher Instruction, die nach Erheisch der Umstände zu erweitern und abzuändern, Ein Edles Landvogteyliches Gericht sich vorbehält, der Aelteste und die es sonst angehet, sich gehorsamlich zu achten haben.

12.

Publikation des Rigischen Raths, worin den Einwohnern wiederholt eingeschärft wird, keine Juden aufzunehmen, sondern sie in die Judenherberge zu weisen. Riga den 26. November 1784. (S. 104.)

Nach einem gedruckten Exemplar.

PUBLICATION.

Da der, zur Haltung der, in der Vorstadt belegenen privilegirten Juden-Herberge, obrigkeitlich authorisirte hiesige Bürger, Valentin Johannson, zur Beschwerde angezeiget, daß sowohl der Allerhöchst bestätigten Juden-Verordnung vom 8ten Februar 1766, als auch der von Einem Wohledlen Rathe unterm 5ten Junii 1769, der Juden wegen, ergangenen gedruckten Publication, zu seinem größten Nachtheile und Kränkung seiner, mit ansehnlichen Kosten eingerichteten Nahrung, auf keine Weise nachgelebet werde, vielmehr verschiedene der hiesigen Einwohner sich erdreisten, die anhero kommenden Juden bey sich aufzunehmen, und ihnen den Aufenthalt in ihren Häusern zu verstatten: So hat Ein Wohledler Rath zur Abstellung dieser gesetzwidrigen Unordnung, sämmtlichen Einwohnern der Vorstadt, auf den Hölmern und vom Johannis Damm in und ausserhalb der Pallisaden, wiederholentlich den Obrigkeitlichen Befehl alles Ernstes hiemittelst ertheilen wollen, auf keine Weise die ab- und zureisende Juden bey sich aufzunehmen, oder ihnen, es sey unter welchem Vorwande es wolle, Quartier bey sich zu verstatten, sondern selbige von sich ab- und nach der Judenherberge, allwo auf obrigkeitliche Anordnung alle erforderliche Bequemlichkeiten für die Juden veranstaltet und Taxamäßig festgesetzt worden, hinzuweisen, unter der ausdrücklichen Verwarnung, daß von denjenigen, welche diesem obrigkeitlichen Befehl entgegen gehandelt zu haben, überführet werden sollten, die in dem 4ten §. der Allerhöchst bestätigten Juden-Verordnung festgesetzte Strafe von 100 Rthlr. Alberts, ohne alle Nachsicht eingetrieben werden sollen.

Wornach sich jedweder zu achten, für Schaden und Strafe aber zu hüten hat.

Publicatum Riga-Rathhaus, den 26sten November 1784.

18.

Verordnung der Rigischen Statthalterschaftsregierung vom 5. Juli 1788 hinsichtlich der Juden in Riga. (S. 82.)

Im Rigischen Stadtarchive befinden sich drei gleichlautende Ausfertigungen vom 5. Juli 1788:

1. an den Stadtmagistrat Nr. 1628, Original, im Reskriptenbande der Statthalterschaftsregierung von 1788 und 1789 Nr. 34,
2. an den sechsstimmigen Stadtrath Nr. 1629, Original in „Ebräerakte 1766—1829" Blatt 13—18, im äusseren Rathsarchive Schrank I Fach 8,
3. an das Rigische Polizeiamt, Abschrift ebendort Bl. 19—28.
Hier abgedruckt nach der Ausfertigung Nr. 1629 an den sechsstimmigen Stadtrath.

Befehl Ihro Kayserlichen Majesté
der Selbstherrscherin aller Reußen

Aus der Rigischen Statthalterschafts-Regierung
an
den sechsstimmigen Stadt-Rath hieselbst.

Mittelst Eines dirigirenden Senats Ukase vom 1 ten May a. c.[1] ist auf das Gesuch der des Handels wegen nach Riga kommenden weißreußischen Hebräer, um Abänderung der unter Allerhöchster Confirmation Ihro Kayserlichen Majesté allhie getroffenen Einrichtung, daß die Juden oder Hebräer sich bey dem Wirthe der Juden-Herberge melden und nicht anders als in dieser Herberge aufhalten müßen, nach eingezogener Erklärung dieser Regierung befohlen worden, daß die Regierung in Ansehung der Hebräer nach den in ihrem Rapport angeführten Gesetzen, am mehresten aber genau nach Vorschrift der Allerhöchst emanirten Stadt-Ordnung zu verfahren habe; mit der hinzugefügten Anmerkung, daß man in solchen Fällen, wenn sich allhie eine so große Anzahl Hebräer beysammen befindet, daß sie wegen Enge des Raums in einem Hause nicht beherbergt werden können, zur Abwendung etwaniger daraus entstehenden Bedrückung, gehörigen Orts die Verfügung zu erlaßen habe, daß auch andere Häuser, so viel zur bequemen Beherbergung der Hebräer nöthig seyn möchten, angewiesen würden.

Nachdem nun wegen Erfüllung dieser Ukase sowohl, als auch über die vor einiger Zeit von dem Rigischen Policey-Amte unterlegte Puncte zu Abstellung verschiedener in Ansehung der hieher kommenden und sich allhie aufhaltenden Hebräer bemerckten Mißbräuche, eine gehörige Deliberation angestellt worden; so hat die Statthalterschafts-Regierung, mit Genehmhaltung Sr. Erlaucht des Rigischen uud Revalschen Herrn General-Gouverneurs, verfügt: die angeführte Ukase E_s dirigirenden Senats dem Rigischen Policey-Amte, dem Stadt-Magistrat und dem sechsstimmigen Stadt-Rathe zur Nachachtung, wie auch dem Gouvernements-Magistrat und dem Kameralhofe zur Wißenschaft bekannt zu machen und demnächst, zu künftiger Beobachtung einer desto genaueren Ordnung in Ansehung der Hebräer, folgendes festzusetzen.

---

[1] Einen Ukas von diesem Datum habe ich nicht ormitteln können, wohl aber einen vom 22. Mai 1788 (Иоанно Собрание Законовъ XXII, 16671), der mit dem vorstehend reforirten Inhalt übereinstimmt.

1.) Außer den hebräischen Familien, welche theils auf speciellen Allerhöchsten Befehl, theils auf Concession der Regierung, als Professionisten, von deren Profeßion alhie kein Amt befindlich, oder zur Bedienung der Synagoge, wie auch zur Besorgung der Begräbniße, der Aufenthalt hieselbst vergünstigt worden, ist solcher keinem andern von dieser Nation den Gesetzen zuwieder unter irgend einem Vorwande zu gestatten. Die vorhin erwehnte, allhie bis auf fernerweite Verfügung noch zu duldende hebräische Familien sind nach der Aufgabe des Policey-Amts, für jetzt folgende:

1.) Die Wittwe des David Levi Bamberger, nebst ihrer ungeheyrateten Tochter,
2.) Benedictus Levi, nebst Frau und Kindern,
3.) Moses Levi, nebst Frau und Kindern,
4.) Ezechiel Levi, nebst Frau und Kindern,
5.) David Moses Aaron, nebst Frau und Tochter,
6.) Samuel Isaac, verheuratet mit Moses Aaron Schwester,
7.) Samuel Moses Salomon, der Goldstücker, nebst Frau und Kindern,
8.) Raphael Marcus Wulff, Petschierstecher, nebst Frau und einem ungeheurateten Sohn, Marcus Wulff,
9.) Jacob Wulff, nebst Frau und Kindern,
10.) Judel Wulff Wittwe, nebst zwey Söhnen und drey Töchtern,
11.) Salomon Peysac, nebst Frau, drey Söhnen und drey Töchtern,
12.) Peysack Berkowitz, als Vorsänger und Schächter,
13.) Levin Samuel, als Schächter und Kirchendiener,
14.) Leib Jacob, als Krancken-Wächter,
15.) Wulff Hirsch, als Todten-Gräber.

Allen übrigen sich mißbräuchlich allhie eingefundenen Hebräern ist aber, nach Anleitung der schon vorhin unterm 28ten Novbr: 1780 und 30ten Septbr: 1785 an den vormaligen Rigischen Stadt-Magistrat ergangenen Befehle der Regierung vom Policey-Amte anzudeuten, daß sie sich nebst ihren Familien und Haabseeligkeit, in einer ihnen noch zum Ueberfluß zu gestattenden Frist von längstens Sechs Wochen über die Grentze begeben; wiedrigenfalls das Policey-Amt, welchem hierüber die strengste Aufsicht zu halten gebühret, selbige unter Wache dahin abzusenden hat.

2.) Den Söhnen der oben specificirten Familien, ist zwar, weil sie gewißermaaßen als hiesige zu betrachten sind, bis auf künftige weitere Anordnung der Verbleib mit den ihrigen, auch wenn sie auswärtig heyraten, gleichfalls zu verwilligen; die Töchter dieser Familien müßen aber, wenn sie an Hebräer aus andern Ländern, Städten oder Flecken verheyratet werden, ihren Männern dahin, wo selbige eigentlich zu Hause gehören, folgen, und mögen diese durch dergleichen Heyrat keinesweges das Recht zu einem beständigen Aufenthalt hieselbst gewinnen.

3.) Die hier befindlichen hebräischen Familien dürfen weder zur Treibung der ihnen etwa nachgegebenen Profeßion, oder des Trödel-Handels, noch auch zur Haus-Bedienung, wie bisher misbräuchlich geschehn, Gesellen oder Jungen von ihrer Nation halten; es wäre denn daß ihnen solches nach Bewandniß dringender Umstände, ausdrücklich vom Policey-

Amte concedirt würde, welches jedoch in solchen Fällen vorher jedes mahl
der Statthalterschafts-Regierung zu unterlegen auch im übrigen genau
darauf zu sehn hat, daß so balde ein solcher Geselle oder Junge aus seinem
Dienst abgelaßen wird, kein anderer in seine Stelle angenommen werde,
ehe und bevor jener von seinem vorigen Wirthe würcklich fort und nach
seiner Heimat oder über die Grentze zurück geschaft worden ist.

4.) Da auch dadurch verschiedene Misbräuche eingerißen sind, daß
die hier befindliche hebräische Familien, jede für sich besonders einen
Haus-Lehrer zum Unterricht ihrer Kinder gehalten, unter welchem Vorwande nicht selten den fremden Juden zu Treibung ihres anderweiten
Gewerbes hier ein beständiger Aufenthalt verschaft worden; so ist solches
ferner nicht mehr zu gestatten, sondern vielmehr die hebräische Gemeine
dahin anzuhalten, daß sie unter sich, zum gemeinschaftlichen Unterricht
ihrer Kinder, einen Schulmeister ausmitteln, welcher dem Policey-Amte
jedes mahl vorzustellen ist. Alle bisher sich hier unter den Nahmen der
Haus-Lehrer aufgehaltene Hebräer müßen hingegen, so wie im 1 ten Puncte
vorgeschrieben ist, ungesäumt fort und über die Grentze geschaft werden.

5.) Denjenigen Personen hebräischer Nation, die nicht zu den oberwehnten, hier noch zur Zeit zu duldenden Familien gehören, und nur
als Bediente bey der Schule und Synagoge, oder bei der Todten-Gräber-
Gesellschaft, oder als Schächter oder als Schulmeister angestellt sind,
oder künftig, falls es die Nothwendigkeit erfordert, angestellt werden
möchten, darf nur so lange als sie ihrem Dienst vorstehen, allhie der Verbleib gestattet werden. So bald sie aber ihres Dienstes entlaßen werden,
müßen sie sich sofort mit ihren etwanigen Haus-Genoßen von hier weg
und über die Grentze begeben; Als welches auch, wenn ein dergleichen
Beamter während seines Dienstes allhie verstürbe, in Ansehung deßen
nachbleibender Familie unfehlbar zu beobachten ist.

6.) Den sowohl aus den Weiß-Reußischen Gouvernements, als aus
Pohlen, Litthauen und Kurland, des Handels wegen und mit Waaren an-
hero kommenden fremden Hebräern, ist zwar die in der auf Allerhöchste
Confirmation emanirten Juden-Verordnung vom Jahr 1766 bestimmte sechs-
wöchentliche Frist zu vergünstigen. Selbige dürfen indeßen keine Familie,
Weiber oder Kinder bey sich haben und müssen übrigens insgesammt, nach
Maasgabe der beregten Verordnung, in der alhie eingerichteten Juden-
Herberge ihren Aufenthalt nehmen. Sollten aber ihrer sich zu gleicher
Zeit so viele auf einmahl befinden, daß sie in dieser Herberge nicht mit
Bequemlichkeit untergebracht werden könnten; so hat das Policey-Amt,
nach Anleitung der oberwehnten Ukase Eines dirigirenden Senats vom
1 ten May a. c. hiezu auch andere gelegene Häuser zu bestimmen. Be-
sonders findet solches in Ansehung der Weiß-Reußischen, dort in der
1 ten und 2 ten Gilde eingeschriebenen, wie auch überhaupt derjenigen
Hebräer statt, die im Frühlinge und Sommer mit Strusen, oder andern
Fluß-Fahrzeugen und Flössern herabkommen und ansehnliche Partheyen
Waaren mitbringen; als welchen bey ihren Waaren zu bleiben und in der
Nähe derselben, jedoch nicht anders, als mit Vorbewust und Genehmhaltung des Policey-Amts, Quartier zu nehmen erlaubt werden kann; und

hat übrigens das Policey-Amt von allen solchen Personen hebräischer Nation, denen außerhalb der Juden-Herberge der Aufenthalt gestattet wird, ein genaues Verzeichniß zu halten und solches zugleich mit dem Register der angekommenen Fremden wöchentlich der Statthalterschafts-Regierung zu unterlegen. Sollten sich auch Fälle ereignen, wo von diesen Hebräern einer oder der andere seiner Handels-Angelegenheiten wegen genöthiget würde, seinen Aufenthalt hieselbst zu verlängern, so ist solches jedes mahl dem Policey-Amte anzuzeigen, welches die Umstände zu beprüfen und nach Maasgabe derselben und der Condition der suchenden, die Prolongation zu bestimmen hat.

7.) Denjenigen sich aus andern Provintzen und Reichen hier einfindenden Hebräern hingegen, welche entweder gar keine Waaren, oder doch nur in geringen Quantitaeten herbringen, als an Getraide-Waaren und Saaten weniger wie eine Last, an Hanf- und Flachs- oder andern Gewicht-Waaren weniger als zwey S℔, an Leinwand weniger als zehn Stücke u: so w: — ist der Aufenthalt hieselbst nicht länger als auf drey, oder nach Bewandniß der von dem Policey-Amte zu beprüfenden Umstände höchstens auf Acht Tage zu gestatten, und ist in Ansehung ihrer Bequartirung eben dasjenige zu beobachten, was in dem vorhergehenden 6ten Puncte vorgeschrieben worden. Alle diejenigen Hebräer aber, welche erweislich als Herumtreiber und zu keinen andern als unerlaubten Trödel- oder Handwercks-Geschäfften hieher kommen, müßen gar nicht geduldet, sondern angehalten werden, sich sogleich und ohne allen Zeitverlust wieder von hier wegzubegeben; als welches auch von denjenigen Hebräern gilt, die sich hier als Taglöhner einfinden und ebenfalls allhie unter keinem Vorwande den Verbleib haben mögen, da solcher der Allerhöchsten Absicht zufolge nur allein den des Handels wegen hieher kommenden Hebräern unter der gehörigen Einschränkung erlaubet werden darf.

8.) Eine gleiche Ordnung ist auch mit den in dem Marckt-Flecken Schlock dieser Statthalterschaft, dem nahmentlichen Allerhöchsten Befehl vom 4ten Febr: 1785 zufolge eingeschriebenen Bürgern hebräischer Nation zu beobachten; weil selbige diese Allerhöchste Verwilligung zum Theil dahin misbrauchen, daß sie sich von einer Zeit zur andern und fast das gantze Jahr hindurch hier in Riga mit ihren Familien aufhalten und mancherley ihnen nicht zustehendes Gewerbe treiben. Zur Abstellung dieses der Allerhöchsten Absicht und der Ukase Eᵉ dirigirenden Senats vom 22ten May 1786 zuwieder laufenden Misbrauchs, ist diesen Leuten, falls sie nicht etwa wie die Weiß-Reußischen, Littauschen und Pohlnischen Hebräer mit ansehnlichen Partheyen Waaren des Handels wegen hieher kommen, keine sechswöchentliche, sondern nur drey- bis höchstens achttägige Frist zum hiesigen Aufenthalte zu gestatten, nach Ablauf welcher sie sich sofort von hier wegzubegeben haben, auch unter keinem Vorwande ihre Familien mitbringen, oder gar hier zurück laßen dürfen; es wäre denn, daß sie zu einem längeren ihnen nach Bewandniß der Umstände erforderlichen Verbleib mit einem Erlaubnis-Scheine des Herrn Oeconomie-Directeurs, unter deßen Aufsicht diese Leute dermahlen stehn, versehn wären: Welchen Falls mit ihnen hierinn sowohl, als in Ansehung ihrer zu nehmenden Quartiere, nach dem obigen 6ten Puncte zu verfahren ist.

9.) Damit aber auf alles dieses desto genauer gehalten werde, und sich hier keine so genannte Bettel- oder Trödel-Juden einschleichen und unter falschem Vorwande einen Verbleib suchen mögen; so ist aus der hiesigen hebräischen Gemeine ein zuverläßiger Mann, der von den hieher handelnden Hebräern eine hinlängliche Kenntniß hat, zum Aeltesten zu bestellen, bey welchem sich alle hier ankommende Hebräer melden und ihre wie auch ihrer bey sich habenden Leute Nahmen, den Ort von wannen sie kommen, imgleichen was für Waaren und wie viel sie anhero gebracht, aufgeben müßen; worüber ihnen der Aelteste sodann eine unentgeltliche Bescheinigung zu ertheilen und darinn zugleich zu bemercken hat, ob der angekommene würcklich ein bekannter Handlung treibender, oder ein geschäftloser unbekannter Mann sey. Zu diesem Geschäfte wird dermahlen, nach dem Vorschlage des Policey-Amts, der hiesige Hebräer Moses Levi verordnet, und hat künftig bey Bestellung eines solchen Aeltesten das Policey-Amt jedesmahl davon der Statthalterschafts-Regierung zu unterlegen, auch im übrigen genau und mit aller Strenge darauf zu sehn, daß von dem Aeltesten hierunter keinerley Mißbrauch, Durchstecherey oder Erpressung betrieben werden.

10.) Mit den vorbeschriebenen Scheinen des Aeltesten müßen die hier ankommende Hebräer sich sofort in Person bey dem Policey-Amte melden und diese Scheine sowohl, als ihre zufolge der unterm 22ten Mart: 1787 von der Statthalterschafts-Regierung getroffenen Anordnung vom Zoll-Grentz-Aufseher beym Einkommen an der Grentze erhaltene Passir-Zettel produciren; worauf dann im Policey-Amte auf der Rückseite der Bescheinigung zu verzeichnen ist, auf wie lange nach Bewandniß der Umstände dem Innhaber derselben der Aufenthalt hieselbst obiger Vorschriften gemäß verstattet werde; und muß übrigens ein jeder hier nicht angesessener Hebräer seinen Paß oder aus dem Policey-Amte erhaltenen Erlaubnis-Schein stets bey sich tragen, damit er sich zu allerzeit wegen seines hiesigen Aufenthalts legitimiren könne.

11.) So bald dieses geschehn, muß der Innhaber der Bescheinigung solche ungesäumt dem Wirth in der Juden-Herberge vorzeigen, welcher ihn in sein Buch einzutragen und ohne Verzug dem Quartier-Aufseher davon Nachricht zu geben hat, damit dieser gehörig darauf sehn könne, daß Niemand über den vorgeschriebenen Termin allhie verbleibe, auch sich während seines hiesigen Aufenthalts ein jeder der im Jahr 1766 im Druck emanirten Juden-Verordnung gemäß betrage.

12.) Da die aus Weißreußen und Schlock anhero kommende Hebräer mit Päßen von ihren Obrigkeiten versehn seyn müßen, so ist es zwar nicht nothwendig, daß sie bey ihrer Ankunft hieselbst anderweit befragt werden; sie sind aber nichts desto weniger schuldig, gleich nach ihrer Ankunft diese Päße im Policey-Amte, so wie auch nachmals dem Wirth in der Juden-Herberge vorzuzeigen, damit sie gehörig angeschrieben und der ihnen zu bestimmende Termin ihres hiesigen Aufenthalts darauf notirt werden.

13.) Damit nun Niemand von der hebräischen Nation sich allhie
aufhalte, ohne dieses zu beobachten; so hat das Policey-Amt nicht allein
den Wirth in der Juden-Herberge dahin anzuweisen, daß er einen jeden,
der nicht binnen den ersten 24 Stunden nach seiner Ankunft eine Bescheinigung aus dem Policey-Amte vorzeigen kann, unverzüglichst bey
dem Policey-Amte persönlich stellen müße, sondern auch durch eine gehörige Bekanntmachung an alle Einwohner dieser Stadt und der dazu gehörenden Vorstädte, das in der Verordnung vom Jahre 1766 § 4 enthaltene
Verbot zu erneuern, daß Niemand einen Juden oder Hebräer, bey Strafe
von 100 Rthlr:, ohne Vorwißen und ausdrückliche Erlaubniß des Policey-
Amts bey sich aufnehmen oder beherbergen dürfe; so wie übrigens auch
das Policey-Amt allen ihm untergebenen Stadt-Theils-Vorstehern und Quartier-
Aufsehern die genaueste Beobachtung der obigen Anordnungen einzu-
schärfen hat. Den 5ten Julii 1788.

W. v. Löwis

Secretaire J. C. Lenz.

14.

*Gedicht, im Drucke erschienen zum hundertjährigen Jubiläum der
Uebergabe Rigas an Peter den Grossen am 4. Juli 1810. (S. 85.)*

Nach einem Exemplar in der Bibliothek der Gesellschaft für Geschichte und Alterthumskunde der Ostseeprovinzen Russlands. 2 Blätter 8°.

Die hiesige hebräische Gemeine an ihre christlichen Mitbürger,
am Jubelfeste 1810.

Riga, gedruckt bei J. C. D. Müller.

Es führt Jehovah heut den festlichsten der Tage
Aus grauer Vorzeit Euch herauf.
Gelöst ist manche räthselhafte Frage,
Erhellet eines langen Pfades Lauf.
Ein ganz Jahrhundert voller Segen,
Zieht Euch mit diesem Morgenstrahl,
Ein Friedensbote, hold entgegen
Und sagt euch, was ihm Gott befahl:
„Vergesset meiner Huld und Gnade nicht:
„Ich schaffe Finsterniss und Licht!

„Wie aber könnt', wie wollet Ihr mir danken,
„Als durch ein Herz, das mir allein gefällt?
„Erkennt in mir den Vater aller Welt! —
„Ich hatte über Euch des Friedens Lichtgedanken;
„Zerbrechet dann, zerbrechet alle Schranken,
„Die rohe Willkühr sich gestellt.
„Ich habe Brüder Euch aus allen Nazionen,
„— Auch sie sind meine Kinder — zugesellt.
„Soll Euer Herz die Freude stets bewohnen:
„O liebt und segnet die mein Strahl erhellt!

„Hört auf, in Menschen, die mich V a t e r nennen
„Wie Ihr, und Eures Blutes sind
„Aus eitel Vorurtheil den Menschen zu verkennen.
„Der ist mir angenehm, der rechtgesinnt,
„Er meyne was Er wolle, redlich thut
„Worauf allein des Menschen Werth beruht."

    O, höret diesen lauten Ruf der Gnade,
Und liebt auch uns, und stoßt uns nicht zurück!
Das Leben hat so manche steilen Pfade;
Doch alle führen ja zu einem Glück.
Gebt uns die Rechte, die man uns entzogen,
Denn sie gebühren uns wie Euch:
Wir haben Eine Nahrung eingesogen,
Wir sind als Bürger Gottes Alle gleich,
Uns Alle leitet durch des Schicksals Wogen
Ein guter Geist in Seiner Liebe Reich.

    Gebt uns das Bruderrecht, und Eure Freude
Wird, groß und reich, auch unsre Freude seyn.
Weg mit dem Haß! Weg mit dem scheelen Neide!
Er ist des süßen Menschenlebens Pein. —
Laßt uns, die Alle Einen Himmel hoffen,
Auch Einer Erde gleiche Bürger seyn!
Heut ist ja jedes Herz der Liebe offen:
Schließt unser Glück in Eure Liebe ein!

15.

*Verordnung für die in Riga befindlichen und dahin kommen-
den Juden, erlassen von der livländischen Gouvernementsregierung am
29. Juli 1813. (S. 90.)*

Nach einem gedruckten Exemplar.

V e r o r d n u n g,
nach der sich die in der Gouvernements-Stadt Riga befindenden,
oder dahin kommenden Ebräer zu richten haben.

Riga, 1813, gedruckt bei J. C. D. Müller, Kronsbuchdrucker.

§. 1. Den Rigaschen Schutzjuden, oder denjenigen 15 Familien, denen
auf Allerhöchsten Befehl der Aufenthalt hieselbst gestattet worden, ist es
vergönnt, hieselbst ungestört zu bleiben, und ihre Wohnung in den hiesigen
Vorstädten —- auf besondere Verwilligung der Gouvernements-Obrigkeit
aber auch in der Stadt selbst — zu nehmen.

§. 2. Zu diesen 15 Familien werden gezählt: die Familien-Väter,
deren Weiber und Descendenten; in so weit nämlich die männlichen Nachkommen nicht schon in einem Alter, wo sie sich ihren Unterhalt selbst
zu erwerben im Stande sind, sich von Riga wegbegeben und in einem
andern Gouvernement angesiedelt haben, oder die weiblichen Descendenten

No. 4527.

an Männern verheirathet worden, deren Aufenthaltsort sich in einem andern Gouvernement befindet, und die also dahin ihren Männern zu folgen verpflichtet sind.

§. 3. Die bei dem Flecken Schlock zur Kaufmannschaft oder zur Erlegung der Krons-Abgaben angeschriebenen Ebräer, welche ihren Aufenthalt in dem Flecken Schlock zu haben verpflichtet sind, werden zu den hierher kommenden, angereiseten Ebräern gezählt. Sie haben sich daher nach allen den Anordnungen zu richten, die wegen der fremden Ebräer hier emanirt werden; nur wird jetzt in Hinsicht, daß mehrere derselben durch Vergünstigung und Nachsicht sich längere Zeit hier aufgehalten und eingerichtet haben, und daß bei dem Dirigirenden Senate um eine Bestimmung gebeten worden, wie es mit diesen Schlockschen Ebräern gehalten werden soll, festgesetzt, daß diese sich bereits in Riga eingerichteten Ebräer in ihren jetzigen Verhältnissen auf so lange in Riga gelassen werden sollen, bis die erbetene Bestimmung erfolgt ist; wo dann diese als Richtschnur eintritt. Unterdessen hat die Polizei-Verwaltung sorgfältigst darüber zu wachen, daß nicht aufs neue Schlocksche Ebräer sich hierselbst einrichten oder ansiedeln.

§. 4. Fremde, oder angereisete Ebräer sind alle diejenigen, welche aus andern Gouvernements auf gewisse Zeit hierher kommen, um entweder ihre Handlungsgeschäfte hierselbst zu betreiben, oder sich in ihren Künsten zu vervollkommnen und eine besondere Geschicklichkeit in ihren Handwerken und Gewerben abzulegen.

Da nach dem Allerhöchst bestätigten Doklad über die Verbesserung des Zustandes des Ebräer, vom 9. Februar 1805 (publicirt von der livländischen Gouvernements-Regierung am 11. Febr. 1805) nur den genannten Klassen von Ebräern erlaubt ist, in das Innere der Gouvernements zu reisen, so ist auch nur diesen ein Aufenthalt hierselbst zu gestatten; andern solcher aber zu untersagen, und sie von hier sogleich zu entfernen.

§. 5. Alle diese Ebräer dürfen ihren Handel-, Künstler- oder Handwerks-Arbeiten und Gewerben nur in so weit am hiesigen Orte nachgehen, als sie dazu nach den Reichs-Gesetzen und den hiesigen besondern Rechten authorisirt sind.

§. 6. Nach den Geschäften und Verhältnissen, in denen die angereiseten Ebräer hier stehen, ist auch die Dauer ihres Aufenthaltes hierselbst, und der Ort zu bestimmen, wo sie wohnen müssen.

§. 7. Um den fremden oder angereiseten Ebräern ein gehöriges Unterkommen zu verschaffen, und der Polizei die Aufsicht über dieselben zu erleichtern, sollen Juden-Herbergen hierselbst etablirt werden, und zwar eine in der Vorstadt jenseits der Düna, die andere in der moskauschen Vorstadt. Die Errichtung dieser Herbergen geschieht nach Anordnung der Polizei-Verwaltung; jedoch sind zu Wirthen dieser Herbergen, so viel als thunlich, nur Ebräer aus der Zahl der hiesigen Schutzjuden zu nehmen, und diese Anstalten mit Taxen für Quartier, Speisen, Getränke, Stallraum, Pferdefutter u. s. w. zu versehen.

§. 8. Alle angereiseten Ebräer müssen ihre Wohnung in einer dieser Herbergen nehmen. Eine Ausnahme hiervon wird gestattet

1) wenn sich zu gleicher Zeit so viele Ebräer auf einmal hier befinden, daß sie in den Juden-Herbergen nicht mit Bequemlichkeit
untergebracht werden können;

2) wenn die mit Strusen oder mit andern Flußfahrzeugen und Flössern,
oder landwärts hierher kommenden Ebräer, welche eine ansehnliche Parthei Waaren mitbringen, auf diesen Fahrzeugen, oder in
der Nähe ihrer Waaren verbleiben wollen, um selbige unter Aufsicht und Bewachung zu halten; oder Kaufleute ihrer Geschäfte
wegen ein besonderes Quartier zu nehmen wünschen;

3) wenn die Künstler- und Handwerks-Arbeiten oder Gewerbe der
angereiseten Ebräer eine eigene, besondere Wohnung unmittelbar
erfordern.

Diese Ausnahmen müssen jedoch nur mit Vorbewußt und nach Beprüfung der Polizei-Verwaltung statt haben. Daher darf weder ein ange-
reiseter Ebräer, ohne Wissen der Polizei-Verwaltung, außerhalb der Herbergen Quartier nehmen, wenn er nicht angehalten werden will, das
Quartier zu verlassen, auf das gezahlte Miethgeld Verzicht zu thun, und
durch die Polizei in die Herberge einlogirt zu werden; noch ein hiesiger
Einwohner einem fremden, angereiseten Ebräer, ohne Genehmigung der
Polizei-Verwaltung, bei sich Quartier geben, wenn er sich nicht einer
Strafe von 100 Rubel B. A. für jeden Kontraventionsfall unterziehen will.

§. 9. Zum Behuf der fremden, angereiseten Ebräer wird es erlaubt,
Gahrküchen anzulegen, von denen die eine in der Vorstadt jenseits der
Düna, die andere aber in der moskauschen Vorstadt belegen seyn muß.
Die Polizei-Verwaltung versieht diese Gahrküchen mit einer Taxe und setzt
zu Wirthen hiesige Schutzjuden ein.

§. 10. Der Wirth der Herberge ist verbunden, jeden bei ihm einkehrenden Ebräer anzuweisen, sich sogleich nach seiner Ankunft bei der
Polizei-Verwaltung zu melden, und seinen Paß zu produciren. Gestattet
der Wirth Jemandem, der keinen Paß aufzuweisen hat, einen Aufenthalt
bei sich, ohne ihn sogleich vor die Polizei zu führen, oder einem Ver-
paßten einen längern Aufenthalt, als einen Tag, ohne durch den bei der
Polizei verschriebenen Paß sich davon zu überzeugen, daß der angereisete
Ebräer sich auch vorschriftmäßig gemeldet hat; und unterläßt, falls der
Ebräer seiner Anweisung nicht folgen will, solches der Polizei-Verwaltung
sogleich zu berichten, so verfällt der Wirth in eine Strafe von 25 Rb.
B. A. für jeden Kontraventionsfall, und verliert — wenn er zum dritten-
male einer solchen Vernachläßigung sich schuldig gemacht — das Recht,
die Herberge zu halten.

§. 11. Die Polizei-Verwaltung prüft die bei den angereiseten Ebräern
in Betracht kommenden Umstände; bestraft an denen, welche sich ge-
weigert, der Aufforderung des Wirths gemäß, selbst vor der Polizei zu
erscheinen, diesen Ungehorsam mit einer verhältnißmäßigen Geldbuße oder
Aussendung aus der Stadt; stellt die Paßlosen, diejenigen, welche keine
rechtmäßige Ursachen und Veranlassungen zu einem Aufenthalt hieselbst
(§. 4) haben, und diejenigen, welche nach Ablauf des ihnen zu ihrem
hiesigen Aufenthalt präfigirten Termins diese Stadt nicht verlassen, der

livländischen Gouvernements-Regierung sogleich zur weitern Verfügung vor, und giebt den angereiseten Ebräern — welches durch Aufschreibung auf den Paß bewerkstelligt wird — den Aufenthalt hierselbst, nach Beschaffenheit der Umstände, und zwar

a) auf 3 bis längstens 8 Tage nach, wenn selbige Waaren in geringer Quantität herbringen, als an Getraide und Saaten weniger, wie eine Last, an Hanf und Flachs oder andern Gewichtwaaren weniger als 2 Schiffpfund, an Leinwand weniger als 10 Stücke u. s. w.;

b) auf längstens 6 Wochen aber nach, wenn sie mit ansehnlichen Partheien Waaren, des Handels wegen, hierher kommen; endlich

c) auf 3 oder 8 Tage oder 6 Wochen nach, wenn sie zur Vervollkommnung und Ablegung besonderer Geschicklichkeiten in Künsten, Handwerken und Gewerben sich hierher begeben.

Eine Verlängerung dieser Fristen kann nur bei besondern Verhältnissen, auf Vorstellung der Polizei-Verwaltung, von der Gouvernements-Obrigkeit verwilligt werden.

§. 12. Ueber diejenigen Ebräer, denen außerhalb der Herbergen Logis zu nehmen gestattet ist, führt die Polizei-Verwaltung ein besonderes Verzeichniß, um selbige, da sie zerstreut wohnen, in Ansehung der Zahl, ihrer Beschäftigungen und Wohnorte stets zu kennen, und wendet übrigens auf dieselben ebenfalls die Vorschriften an, welche im vorigen § gegeben sind.

§. 13. Von der Polizei-Verwaltung werden die angereiseten Ebräer angehalten, ehe sie ein Geschäft hier betreiben, sich wegen ihrer Handelsberechtigungen oder Geschicklichkeiten in Künstler- und Handwerks-Arbeiten oder Gewerben bei der Behörde zu legitimiren, wohin jede Sache ihrer Natur nach, gehört.

§. 14. Die von dem Auslande mit Reichspässen über die Gränze gekommenen und hier im Reiche mit Reisebillets oder Aufenthaltsscheinen versehenen Ebräer, die des Handels oder anderer Ursachen wegen diesen Ort besuchen, gehören unter die Kathegorie der reisenden Ausländer, und sind unter dieser Verordnung nicht begriffen, weil deren wegen besondere Vorschriften existiren.

Riga-Schloß, den 29sten Juli 1813.

General-Adjutant Marquis Paulucci.

(L. S.)

J. Dû Hamel,
Civil-Gouverneur.

G. von Rickmann,
Regierungsrath.

Carl Dahl,
Regierungsrath.

Secretaire Hehn.

16.

Patent der livländischen Gouvernementsregierung vom 29. Dezember 1822, enthaltend Verordnungen für die Juden, die in Riga und Schlock bleibenden Aufenthalt haben dürfen, und für die in Riga anreisenden fremden Juden hinsichtlich ihres Aufenthalts und ihrer Gewerbeberechtigung in Riga, sowie über den Aufenthalt von Juden im Gouvernement Livland ausserhalb Rigas. (S. 93.)

Nach einem gedruckten Exemplar.

B e f e h l   [Nr. 114.]

Seiner Kaiserlichen Majestät, des Selbstherrschers aller Reussen etc. etc. etc. aus der Livländischen Gouvernements-Regierung, an sämmtliche Stadt-Magisträte und Stadt- und Land-Polizeibehörden, und zur allgemeinen Wissenschaft und Nachachtung.

Nach Grundlage des Ukases Eines Dirigirenden Senats vom 22. Mai 1786, der Allerhöchsten Namentlichen Befehle vom 23. November 1791 und 23. Juni 1794, so wie des Allerhöchst bestätigten Doklads über die Verbesserung des Zustandes der Ebräer, vom 9. Februar 1805, wurden von der Livl. Gouvernements-Obrigkeit in den Verordnungen vom 29. Juli 1813, 20. Juli 1817 und 13. December 1819 die Bestimmungen festgesetzt, in wie fern den Rigischen Schutzjuden, den Schlockschen Ebräern und den aus andern Gouvernements nach Livland kommenden Ebräern ein Aufenthalt, Erwerb und Handelsbetreib hieselbst gestattet ist.

Die nach einem kurzen Zeitraume dennoch von allen Gewerbsständen erhobene Klage über den immer mehr sich vergrößernden und dreister werdenden Eindrang der Ebräer, mußte die Ueberzeugung geben, daß diese Folge lediglich der mangelhaften Anwendung der emanirten Verordnungen zuzumessen war.

Um diese Anwendung durch Zusammenstellung der verschiedenen Verordnungen und durch ausdrückliche Vorschriften für solche Fälle, wo früher durch eine Folgerung aus den allgemeinen Bestimmungen, die zu treffenden Maaßregeln abzunehmen waren, zu erleichtern, auf diese Weise aber den, in Betreff des Aufenthalts und der Berechtigung der Ebräer in Riga und dem Livl. Gouvernement, erlassenen Vorschriften ihre volle Wirksamkeit zu sichern, sind alle jene Vorschriften in der hier beigefügten Verordnung zusammengefaßt, und frühere, allgemein ausgedrückte Bestimmungen in specielle Vorschriften zertheilt.

So wie durch eine genaue Kenntniß des Verhältnisses der Ebräer in Riga und diesem Gouvernement, die Behörden und Einwohner des Livl. Gouvernements zu einem ordnungsmäßigen Verhalten auch in dieser Hinsicht, fortmehro in den Stand gesetzt sind; so erwartet die Livl. GouvernementsRegierung auch von Seiten der Behörden, namentlich der Stadtmagisträte und Stadt- und LandPolizeibehörden, und von Seiten aller

No. 6059.

Einwohner, zur Vermeidung eigener strenger Verantwortlichkeit, eine unabweichliche Befolgung der in der beigehenden Verordnung ertheilten Vorschriften.

RigaSchloß, den 29. December 1822.

Kriegs-Gouverneur von Riga und Civil-Oberbefehlshaber in den
Ostsee-Provinzen
Marquis Paulucci.

(L. S.)   J. Dü Hamel,
Civil-Gouverneur.

Graf Koskull,   W. v. Bluhmen,   A. v. Pistohlkors,
Regierungs-Rath.   Regierungs-Rath.   Regierungsrath.

J. von Rogge,
Regierungsassessor.

Secretaire Hehn.

Verordnungen

in Betreff der Ebräer, welche in der Gouvernements-Stadt Riga und
dem Gerichts-Flecken Schlock bleibenden Aufenthalt haben dürfen.

§. 1. Zu den Ebräern, welche zu einem bleibenden Aufenthalt in *Zu einem* *bleibenden* der Gouvernementsstadt Riga berechtigt sind, gehören: *Aufenthalt*

a. die Schutzjuden, *in Riga*

b. die bei dem Gerichtsflecken Schlock angeschriebenen Ebräer, *berechtigte* *Ebräer.* welche seit dem Jahr 1813 in Riga wohnhaft gewesen sind, — sofern nicht wegen dieser Ebräer auf die, Einem Dirigirenden Senat gemachte, Vorstellung eine anderweitige Anordnung erfolgen sollte.

§. 2. Zu den Ebräern, welche zu einem bleibenden Aufenthalt in *Ebräer, die* dem Gerichtsflecken Schlock berechtigt sind — gehören: *zu einem* *bleibenden*

a. diejenigen Ebräer, welche zu dem Gerichtsflecken Schlock zur *Aufenthalt* Kaufmannschaft oder zur Erlegung von Kronsabgaben bei der *in dem Ge-* sechsten Revision aufgenommen worden sind, und deren recht- *richtsflecken* *Schlock be-* mässige Descendenten. *rechtigt sind*

b. die Rigischen Schutzjuden.

§. 3. Zu den Rigischen Schutzjuden gehören diejenigen funfzehn *Rigische* Familien, denen auf Allerhöchsten Befehl der Aufenthalt in der Gouverne- *Schutz-Ju-* mentsstadt Riga gestattet worden ist. *den.*

§. 4. Zu diesen in den Polizeibüchern, unter aufgegebenen Familiennamen, verzeichneten Familien gehören: die Familienväter, deren Weiber und Descendenten, in so weit nämlich die männlichen Nachkommen nicht schon in einem Alter, wo sie ihren Unterhalt zu erwerben im Stande sind, sich von Riga wegbegeben und in einem andern Gouvernement angesiedelt haben, — oder die weiblichen Descendenten an Männer verheirathet worden, deren Aufenthaltsort sich in einem andern Gouvernement befindet, die also ihren Männern dahin zu folgen verpflichtet sind.

Anmerkungen.

a. Die Polizeiverwaltung ist verpflichtet, die genauesten Nachweisungen über die Vermehrung dieser Familienglieder einzuziehen und bei sich aufzubewahren.

b. Die Polizeiverwaltung ist verpflichtet, Verzeichnisse über diejenigen Glieder der Schutzjuden zu führen, welche von hier wegziehen und sich in einem andern Gouvernement ansiedeln, damit diese, da sie ihr gehabtes Recht aufgegeben haben, sich nicht wieder zu einem bleibenden Aufenthalt in Riga einstellen.

Ihre Berechtigungen. Wohnung. §. 5. Die Schutzjuden müssen in den Vorstädten wohnen. Die Wohnung in der Stadt ist nur als Ausnahme mittelst besonderer Bewilligung, zu gestatten, wenn ihr Gewerbe oder besondere Verhältnisse es erfordern.

Anmerkungen.

a. Die Polizeiverwaltung hat über Diejenigen, welche in der Stadt zu leben Bewilligung haben, Verzeichnisse zu führen.

b. Die Polizeiverwaltung hat für Diejenigen, welche in der Stadt wohnen zu dürfen, nachsuchen, die Bewilligung bei dem CivilOberbefehlshaber nachzusuchen.

Gewerbe. §. 6. Die Schutzjuden sind zur Betreibung folgender Gewerbe berechtigt. Sie dürfen

a. Herbergen für die anreisenden Ebräer halten;

b. Garküchen halten;

c. Alle Handwerke betreiben, außer das Handwerk der Schlosser und der Gold- und Silberarbeiter — jedoch dürfen sie nicht, zuwider der, in dem für Riga emanirten HandwerksReglement, enthaltenen Vorschrift, mit Gehilfen arbeiten, und nur Handlanger zu Hilfe nehmen, wenn die Arbeit es erfordert. — Verstattet ist ihnen aber, ihre Kinder in dem selbst betriebenen Handwerke zu unterrichten, oder, nach vorhergegangener Anzeige bei der Polizeiverwaltung, ihre Kinder, zu Erlernung eines Handwerks, zu einem andern Schutz- oder Schlockschen Juden, bis zur Mündigkeit dieser Kinder, zu geben, und sich mithin wechselseitig in der Ausbildung ihrer Kinder zu unterstützen.

d. Auf dem Jahrmarkt in Riga, so wie auch in den Kreisstädten, handeln — jedoch darf jeder nur eine Bude halten.

e. Zu Handlangern sich verdingen.

Schlocksche Ebräer, die in Riga wohnen dürfen. §. 7. Die Schlockschen Ebräer — die zwar bei dem Gerichtsflecken Schlock zur Kaufmannschaft oder zur Erlegung von Kronsabgaben angeschrieben sind, doch aber in Riga bis auf weitere, von Einem Dirigirenden Senat, auf deshalb gemachte Unterlegung, zu erwartende Bestimmung, bleibenden Aufenthalt haben dürfen, sind diejenigen, welche durch Vergünstigung und Nachsicht schon im Jahr 1813, zufolge in den Polizeibüchern befindlicher, mit aufgegebenen FamilienNamen geschehener Verzeichnung, hier Aufenthalt gehabt haben, und deren rechtmässige Descendenten.

Anmerkungen.

a. Die Polizeiverwaltung ist verpflichtet, die genaueste Nachweisung über die Vermehrung der Familienglieder dieser Ebräer einzuziehen und bei sich aufzubewahren.

b. Die Polizeiverwaltung ist verpflichtet, Verzeichnisse über diejenigen Glieder dieser Ebräer zu führen, welche von hier wegziehen und sich in einem andern Gouvernement ansiedeln, damit diese, da sie ihr gehabtes Recht aufgegeben haben, sich nicht wieder zu einem bleibenden Aufenthalt in Riga einstellen.

§. 8. Sie müssen ohne Ausnahme in den Vorstädten wohnen, außer Ihre Berech-
nur, wenn ihnen die Concession zur Haltung einer Herberge für die Ebräer, tigungen.
oder zur Haltung einer Garküche ertheilt worden ist. Wohnung.

§. 9. Sie sind zur Betreibung folgender Gewerbe berechtigt. Sie Gewerbe.
dürfen:

a. Herbergen für die anreisenden Ebräer halten;
b. Garküchen halten;
c. Alle Handwerke betreiben — außer das Handwerk der Schlosser
und der Gold- und Silberarbeiter — jedoch dürfen sie nicht, zuwider der, in dem für Riga emanirten HandwerksReglement,
enthaltenen Vorschrift — mit Gehilfen arbeiten, und nur Handlanger annehmen, wenn die Arbeit es erfordert; auch ist es ihnen
verstattet, ihre Kinder in dem selbst betriebenen Handwerk zu
unterrichten, oder, nach vorhergegangener Anzeige bei der Polizei-
verwaltung, ihre Kinder zu Erlernung eines Handwerks zu einem
andern Schutz- oder Schlockschen Juden, bis zur Mündigkeit dieser
Kinder, zu geben, und sich mithin wechselseitig in der Ausbildung
ihrer Kinder zu unterstützen.
d. Auf dem Jahrmarkt in Riga, so wie auf den Jahrmärkten in den
Kreisstädten, handeln, jedoch jeder nur eine Bude halten.
e. Zu Handlangern sich verdingen.

A n m e r k u n g e n.

a. Wenn es gleich vergönnt ist, dass diese Ebräer sich bei dem Gerichtsflecken
Schlock zur Kaufmannschaft anschreiben lassen können; so haben sie doch
als Gildegenossen in der Stadt Riga, so wie in allen andern Städten des
Livl. Gouvernements, nur diejenigen Rechte, die in dieser Hinsicht den fremden
Ebräern zustehen, zu geniessen, und sind daher wegen ihrer Handelsberechtigungen nur auf den Gerichtsflecken Schlock beschränkt.
b. Die Rigischen Schutzjuden, so wie diese zum Aufenthalt in Riga berechtigten
Ebräer, haben mit Ausschliessung aller fremden Ebräer, ihre Rabbiner, Lehrer,
Schächter, Schul- und Tempeldiener nur aus ihrer Mitte zu bestellen; — so
fern nicht auf besondere Nachsuchung für einzelne Fälle von dem CivilOberbefehlshaber eine Ausnahme gestattet wird.

§. 10. Die bei dem Gerichtsflecken Schlock zur Kaufmannschaft Ebräer, die
oder zur Kopfsteuer angeschriebenen Ebräer, die nicht bereits im Jahr 1813 Gouverne-
in Riga wohnhaft gewesen sind, — sind bloß zu einem bleibenden Auf- ment nur im
enthalt in dem Gerichtsflecken Schlock berechtigt, und daher müssen sie Gerichtsflecken
nur auf Aufenthaltsscheine, welche ihnen die Polizei von sechs zu sechs Schlock
Wochen, bis auf weiter deshalb zu treffende besondere Anordnung, unent- bleibenden
geldlich zu ertheilen hat, hier geduldet werden. Der Eintritt in die andern Aufenthalt
haben dür-
Städte des Livl. Gouvernements ist ihnen aber nur auf Placatpässe gestattet. fen.

§. 11. In ihrem Wohnorte, dem Gerichtsflecken Schlock, können sie Berechti-
Handel, alle Handwerke, und jedes andere bürgerliche Nahrungsgewerbe gungen.
betreiben, in Riga aber sind sie nur zu den Gewerben berechtigt, die
§. 9 den Schlockschen Ebräern verstattet worden sind.

§. 12. Nur die Rigischen Schutzjuden, so wie die in Riga Aufenthalt
habenden Ebräer, können sich in dem Gerichtsflecken Schlock ansiedeln.

§. 13. Fremde, d. i. sowohl die aus dem Auslande, als aus andern
Gouvernements kommenden Ebräer, können weder zum Oklad des Ge-

richtsfleckens Schlock angeschrieben werden, noch dürfen sie daselbst sich ansiedeln, oder irgend ein Nahrungsgewerbe betreiben.

§. 14. Diejenigen Glieder dieser Ebräer, die sich aus dem Gerichtsflecken Schlock wegbegeben und in einem andern Gouvernement ansiedeln, und dorthin überschrieben werden, können nicht wieder zu dem Oklad des Gerichtsfleckens Schlock aufgenommen werden.

Anmerkung. Weder die Schutzjuden, noch die Schlockschen Ebräer, dürfen, Allerhöchsten Verordnungen zuwider, Christen in Dienst nehmen.

Verordnungen
für die fremden, vom Auslande oder aus andern Gouvernements anreisenden, Ebräer, in Betreff ihres Aufenthalts und ihrer Gewerbs-Berechtigungen in Riga.

Aufenthalt ist gestattet. §. 15. Zu den fremden Ebräern, denen der Aufenthalt in Riga unter gewissen, in diesen Verordnungen enthaltenen, Bestimmungen verstattet ist, gehören:

a. Ausländer, die mit gehöriger Legitimation ins Reich kommen.

b. Großhändler und Kaufleute erster und zweiter Gilde.

c. Künstler, Fabrikanten und Handwerker, die zur Vervollkommnung ihrer Kunst reisen, oder Proben einer besondern Geschicklichkeit in ihren Handwerken und Gewerben ablegen wollen.

d. Faktoren der Gutsherren, denen der Verkauf mitgebrachter Landprodukte und Einkauf von Waaren übertragen worden ist.

e. Die als Frachtführer der Landprodukte, oder als Eigenthümer solcher Erzeugnisse, zu deren Verkauf hieher kommen und hier ihre Bedürfnisse kaufen wollen.

f. Die Inhaber der die Düna herabkommenden Strusen und Flösser, die Eigenthümer der auf diesen Fahrzeugen geladenen Waaren, die zur Begleitung und Aufsicht der herabkommenden Strusen und Flösser, oder auch besonders zum Verkauf der herabgebrachten Waaren, bevollmächtigten Ebräer.

g. Die auf den Strusen als Diener oder Arbeitsleute befindlichen Ebräer.

h. Die zu Kronspodrädden sich meldenden Ebräer, sofern sie nach dem Manifest vom 1. Januar 1807 Artikel 15 dazu berechtigt sind.

i. Die wegen übernommener Lieferung mit der Proviant- oder Kommissariats-Kommission und mit dem KriegsFeldhospital in Geschäften stehen.

k. Die zur Ausführung ihrer Rechtsstreitigkeiten hierher kommen.

l. Die Bedienung der zum Aufenthalt hieselbst berechtigten Ebräer.

m. Die Prikaschtschiks der Großhändler und der Kaufleute erster und zweiter Gilde.

Aufenthalt ist nicht gestattet. §. 16. Der Aufenthalt ist den fremden Ebräern selbst zur Jahrmarktszeit nicht zu gestatten, wenn sie hierher kommen — als

a. Handwerker, die nicht wegen einer besondern Geschicklichkeit attestirt sind.

b. Krämer und Hausirer, selbst nicht unter dem Vorwande, hier einen Einkauf machen zu wollen, da sie den Ankauf ihres Bedarſs in den Städten der Gouvernements, wo sie leben, bewerkstelligen können.

c. Tagelöhner.

d. Rabbiner, Schächter, Schul- und Kirchendiener, Synagoge-Musikanten.

e. Die unter dem Vorwande als Kranke und Pflegekinder Aufgenommenen, und diejenigen, die vorgeben, hier zur christlichen Religion übergehen zu wollen.

§. 17. Alle fremden Ebräer, denen nach §. 15 der Aufenthalt hieselbst gestattet ist, müssen sich dazu legitimiren, und zwar: *Legitimation.*

a. die Ausländer durch die, den Allerhöchsten Verordnungen zufolge, erforderlichen Pässe.

b. die Großhändler und Kaufleute 1ster und 2ter Gilde, durch Beweise über ihren Gildenstand und Gouverneurs-Pässe.

c. die Prikaschtschicks der Kaufleute.

α. für ihre Person durch Gouverneurs-Pässe.

β. als Prikaschtschicks durch gerichtliche Attestate und auf Stempelpapier ertheilte gerichtlich besicherte Vollmachten.

d. Künstler, die zur Vervollkommnung ihrer Kunst reisen, und Fabrikanten und Handwercker, die Proben ihrer besondern Geschicklichkeit ablegen wollen, — durch Gouverneurs-Pässe.

e. die zu Krons-Podrädden sich Meldenden, so wie die, welche in Geschäften mit der Proviant- und Kommissariäts-Kommission und dem KriegsFeldHospital stehen, durch Gouverneurs-Pässe und Beweise über ihren Gildenstand.

f. Alle übrigen, als nehmlich Factoren der Gutsbesitzer, mit Land-Erzeugnissen hierher kommenden Ebräer, Inhaber oder Begleiter der hieher kommenden Strusen und Flösser, oder der auf selbigen befindlichen Waaren, und die auf den Strusen befindlichen Arbeiter, so wie die Bedienung der zum Aufenthalt hieselbst legitimirenden Ebräer — sind auf innehabende, nicht abgelaufene Plakatpässe, als legitimirt anzusehen, in so ferne sie nicht als Kaufleute Gouverneurs-Pässe haben müssen.

§. 18. Diejenigen Ebräer, die mit ihren Familiengliedern hieher kommen, müssen für diese auch besondere Legitimation beibringen.

§. 19. Die mit gehörigen Legitimationen einkommenden, ausländischen Ebräer dürfen, da ihnen keine Vorzüge vor den innländischen Ebräern an diesem Orte zuerkannt werden können, zwar direkte, doch nicht durch Vermittelung der Mäkler, Geschäfte betreiben, und haben sich daher über den Zweck ihres Aufenthalts besonders zu legitimiren. *Berechtigungen.*

§. 20. Die Großhändler, Kaufleute 1ster und 2ter Gilde, oder deren Prikaschtschicks und Bevollmächtigte, dürfen Handel treiben durch Verkauf hergebrachter einheimischer Produkte im Großen an hiesige Kaufleute und Fabrik-Inhaber und durch Einkauf von Waaren aller Art von den hiesigen Kaufleuten und Fabrik-Inhabern, sie dürfen aber zur Stelle nie, und selbst nicht zur Jahrmarktszeit en detail mitgebrachte Waaren verkaufen und noch weniger die eingekauften Waaren wieder verkaufen, oder einen Kramhandel treiben.

§. 21. Künstler, Fabrikanten und Handwerker können ihrem Gewerbe hier nur nach der, in dem Allerhöchst bestätigten Doclad vom 9. Februar 1805 über die Verbesserung des Zustandes der Ebräer, enthaltenen Bestimmung nachgehen, nemlich: um sich in ihren Künsten zu vervollkommnen, oder um in ihren Handwerken und Gewerben Proben einer besondern Geschicklichkeit abzulegen. Unter keiner Bedingung kann aber diese Bewilligung auf diejenigen bezogen werden, die blos mit ihrer Händearbeit ihren Erwerb suchen. Bei fehlender Legitimation über die vorgegebene Kunst oder Geschicklichkeit sind selbige daher sofort wegzuweisen.

§. 22. Die Eigenthümer der Strusen und Flösser, oder der auf diesen Fahrzeugen hergebrachten Waaren, oder die nur zur Aufsicht auf die Fahrzeuge und die herabgebrachten Waaren einkommenden Ebräer, dürfen nur dem Geschäfte, für welches sie sich in der angezeigten Rücksicht legitimirt haben, obliegen.

§. 23. Die Factoren der Gutsherren, welche einheimische Landes-Produkte hieher bringen, die mit einheimischen Erzeugnissen für eigene Rechnung hieher kommenden Ebräer, dürfen kein anderes Gewerbe treiben, als die herabgebrachten Waaren zu verkaufen und die für sich nöthigen und von hier abzuführenden Waaren-Einkäufe zu machen.

§. 24. Die auf den Strusen und Flössern hier anlangenden Ebräischen Arbeiter können zwar auf den Strusen, zu welchen sie gehören, Dienste leisten, unter keiner Bedingung aber dürfen sie, so wie die Bedienung der legitimirt sich hier aufhaltenden Ebräer, sich als Tagelöhner verdingen, oder mit einem andern Gewerbe befassen.

Dauer des Aufenthaltes. §. 25. Rücksichtlich aller, zum Aufenthalt auf einige Zeit sich legitimirenden fremden Ebräer, gilt überhaupt die Regel, daß sie nie länger als bis das Geschäfte, welches ihre Ankunft veranlaßte, beendigt ist, sich hier aufhalten dürfen.

§. 26. Gleich nach der ersten Meldung der hier ankommenden, fremden Ebräer, wird der Aufenthalt von der Polizei bestimmt, und zwar entweder nur auf so lange Zeit, als zur Legitimation über das vorhabende Geschäft erforderlich ist, oder auch für die Dauer des Geschäftes, wenn es in kurzer Zeit beendigt werden soll.

Ausländer. §. 27. Der Aufenthalt für die aus dem Auslande einkommenden Ebräer, wird nach dem Geschäft, für welches sie sich legitimiren, bestimmt. Sie haben sich zuerst und gleich nach ihrer Ankunft, bei dem Civil-Gouverneuren zu melden, welcher ihnen einen Aufenthaltsschein auf 8 Tage giebt, dann in dieser Frist resp. bei dem Wett- oder Kämmerei-Gerichte, in Beziehung auf ihre Geschäfte, sich zu legitimiren und mit der daselbst erhaltenen Bescheinigung den fernern Aufenthaltsschein bei der Polizei-Verwaltung nachzusuchen, die ihn, nach Lage der Sache, auf sechs Wochen bis drei Monate ertheilt und den vom Civil-Gouverneuren ausgegebenen Schein wieder abnimmt.

Wenn der Aufenthalt verlängert werden soll, so ist die Genehmigung der Gouvernements-Regierung nachzusuchen, welche solche aber nur, zufolge Bescheinigung des Wett- oder Kämmerei-Gerichts, zu bewilligen hat.

§. 28. Denen sich als Großhändler, Kaufleute und deren Prika- *Kaufleute.* schtschicks legitimirenden Ebräern, bewilligt die Polizei bei der ersten Meldung einen Aufenthalt auf 8 Tage; die Verlängerung dieser Frist auf sechs Wochen bis drei Monate geschieht auf Bescheinigung des Wettgerichts. Eine längere Frist zum Aufenthalt kann nicht ohne Genehmigung der Gouvernements-Regierung stattfinden, welche sich hiebei auf eine Bescheinigung des Wettgerichts zu stützen hat.

§. 29. Denen, die sich als Eigenthümer der Strusen und Flösser oder *Eigen-* der auf selbigen abkommenden Waaren, oder als Bevollmächtigte jener *thümer der* Eigenthümer, oder nur als mitgegebene Aufseher der Fahrzeuge und der *Strusen u.* *Flösser, oder* darauf geladenen Waaren, melden, ertheilt die Polizei bei der ersten *der auf sel-* Meldung Freiheit zum Aufenthalt auf 8 Tage. Auf Bescheinigung des *bigen herab-* Wettgerichts verlängert die Polizei diesen Aufenthalt auf sechs Wochen *kommenden* *Waaren, od.* bis drei Monate. Eine längere Frist zum Aufenthalt kann nicht ohne Ge- *zur Aufsicht* nehmigung der Gouvernements-Regierung, und vorausgegangene Bescheini- *auf Strusen* gung des Wettgerichts, stattfinden. *u. Flösser* *und der* §. 30. Damit aber dem Wettgericht es an keiner sichern Anleitung *Waaren an-* fehlen möge, für welche der in den §§. 28 und 29 bezeichneten Ebräer *kommende* die Frist zum Aufenthalt zu verlängern wäre, so hat die Börsen-Kommittee *Ebräer.* monatlich ein Verzeichniß derjenigen Ebräer an das Wettgericht zu übersenden, welchen, nach denen mit der hiesigen Kaufmannschaft obschwebenden Geschäfts-Verbindungen, die Frist zum Aufenthalt hieselbst zu verlängern wäre. Für die im Laufe des Monats hier eintreffenden Ebräer fertigt das Wettgericht jedoch, auf Bitte und Bescheinigung des Kaufmanns, mit welchem ein solcher Ebräer in Geschäften steht, Letzterem die Bescheinigung bis zum ersten des nächsten Monats aus, nach Ablauf dessen aber selbiges, wegen einer fernern Bewilligung, das Verzeichniß der Börsen-Kommittee zur Anleitung zu nehmen hat.

§. 31. Das Wettgericht hat über die, denen §. 28 und 29 bezeichneten Ebräern, zum Aufenthalt hieselbst zu bewilligenden Fristen, der Polizei-Verwaltung Anzeige zu machen, welche hierauf die Aufenthalts-Scheine bis zu der Frist von 3 Monaten von sich aus ertheilt und wegen der, nach der gedachten Anzeige für einen längern Zeitraum zu ertheilenden Bewilligung, der Gouvernements-Regierung unterlegt.

§. 32. Denen, die sich als Künstler oder Fabrikanten und Hand- *Künstler,* werker von besonderer Geschicklichkeit melden, ertheilt die Polizei, zur *Fabrikanten* Besorgung ihrer Legitimation bei dem Kämmerei-Gerichte, eine Frist von *und Hand-* *werker.* 5 Tagen. Diese Frist kann auf Bescheinigung des Kämmerei-Gerichts, auf sechs Wochen bis drei Monate, verlängert werden. Eine längere Frist zum Aufenthalt kann nicht ohne Genehmigung der Gouvernements-Regierung gestattet werden, die solche hinwiederum nur auf Bescheinigung des Kämmerei-Gerichts bewilligt.

§. 33. Das Kämmerei-Gericht hat über die seinerseits bewilligten Fristen der Polizei-Verwaltung Anzeige zu machen, damit von selbiger hiernach die Aufenthalts-Scheine ertheilt werden können.

§. 34. **Denen die sich, als bei der Proviant- oder Kommissariats-Kommission oder bei dem Kriegs-Hospital in Geschäften stehend, melden,** ertheilt die Polizei eine Frist von 5 Tagen. Nach dieser Frist kann auf Bescheinigung der genannten Behörden der Aufenthalt auf sechs Wochen bis drei Monat verlängert werden. Ueber diese Frist hinaus, ist von den genannten Behörden, wegen weiter zu bewilligenden Aufenthalts, der Gouvernements-Regierung zu unterlegen.

§. 35. **Denen, die sich zur Theilnahme an den abzuhaltenden Torgterminen für Krons-Podrädde melden,** ertheilt die Polizei auf die deshalb geprüfte Legitimation, Freiheit zum Aufenthalt bis zum Ablauf der Torgtermine, und wenn selbige den Zuschlag erhalten haben sollten, bis zur Ausfertigung des, über die übernommenen Arbeiten oder Lieferungen abgeschlossenen Kontrakts. Kann der Podrädschik indessen gültig nachweisen, daß die Arbeiten hier an Ort und Stelle gemacht werden müssen, oder die Lieferungs-Gegenstände hier angeschafft werden sollen, so ist ihm von der Polizei der Aufenthalt auf sechs Wochen bis drei Monate zu gestatten. Eine Verlängerung dieses Termins kann von der Gouvernements-Regierung bewilligt werden, wenn die Authorität, für welche die Arbeiten gemacht, oder an welche die Lieferungen bewerkstelligt werden, darum ansucht.

§. 36. **Denen Faktoren der Gutsherren oder denjenigen Ebräern, welche als Eigenthümer oder Begleiter der zu Lande einkommenden Transporte einheimischer Produkte sich melden,** ertheilt die Polizei, nach geprüfter Legitimation, Freiheit zum Aufenthalt, bis der Verkauf ihrer mitgebrachten Land-Produkte und der Einkauf von hier abzuführender Waaren geschehen ist. Damit aber hierbei kein Mißbrauch stattfinde; so ist allen diesen Ebräern vor Ankunft ihrer Fuhren kein längerer Aufenthalt, als bis 5 Tage, und nach Abfertigung der Fuhren, kein längerer Aufenthalt als bis 4 Tage zu gestatten.

§. 37. **Denen, die wegen Betreibung ihrer Rechts-Sachen sich melden,** ist bis zur näheren Legitimation, von der Polizei eine Frist von 8 Tagen zu gestatten. Nach Ablauf dieser Frist haben selbige eine Bescheinigung von der Behörde, wo ihre Rechtssachen anhängig sind, beizubringen, daß deren Gegenwart nothwendig sey; und kann alsdann der Aufenthalt von der Polizei bis auf drei Monate bewilligt, von der Gouvernements-Regierung aber auf eine solche Bescheinigung der Behörde, verlängert werden.

§. 38. **Denen mit den gehörig legitimirten Ebräern hieher kommenden Dienern derselben,** so wie deren auf den Strusen befindlichen Arbeitern darf nur so lange Aufenthalt gestattet werden, als ihre Dienstherren sich hier befinden.

§. 39. **Die erste Meldung aller ankommenden, fremden Ebräer muß** bei der Polizei geschehen; sowohl durch den Wirthen der Herberge, oder den sonstigen Vermiether, und durch persönliche Erscheinung vor der Polizei, wo dann von der Polizei die Prüfung der zum Eintritt beigebrachten Legitimation vorgenommen, und der, bis zur weitern Legitimation, wegen eines längern Aufenthalts nöthige Aufenthalts-Schein ertheilt wird.

§. 40. **Alle angereisten Ebräer müssen ihre Wohnung in einer der** hier etablirten Herbergen nehmen. Eine Ausnahme wird gestattet:

Marginal notes (left column):

Die mit der Proviant- u. Kommissariats-Kom-mission u. d. Kriege-hospital in Geschäften stehenden Ebräer.

Die sich zu Kronspo-drädden melden.

Die Faktoren der Gutsherren und Eigenthümer oder Beglei-ter der zu Lande ankommenden Transporte einheimischer Landes-Erzeugnisse. Die, welche wegen Betreibung ihrer Rechtssachen sich melden.

Die mit legitimirten Ebräern hieher kommenden

Diener und Arbeiter auf den Strusen. Meldung der fremden Ebräer.

a. wenn so viele Ebräer sich auf einmal hier befinden sollten, daß sie nicht mit Bequemlichkeit ihr Unterkommen in den Juden-Herbergen finden können.

. b. wenn die mit Strusen oder andern Flußfahrzeugen, oder Landwärts hieher ankommenden Ebräer, welche eine Partie Waaren hieher mitbringen, auf diesen Fahrzeugen, oder in der Nähe ihrer Waaren, verbleiben wollen, um selbige unter Aufsicht und Bewachung zu halten.

c. wenn die Kaufleute ihrer Geschäfte wegen, ein besonderes Quartier zu nehmen wünschen.

d. wenn die Künstler- und Handwerks-Arbeiten, oder Gewerbe, der angereisten Ebräer eine besondere Wohnung erforderlich machen. Immer aber haben sowohl diese, als auch die Kaufleute, in der Regel ihre Wohnung in den Vorstädten zu nehmen, und ist eine Wohnung in der Stadt nur bei besonders dazu nachgewiesener Nothwendigkeit zu gestatten.

§. 41. Daher darf weder ein angereis'ter Ebräer, ohne Wissen der Polizei-Verwaltung, außer der Herberge ein Quartier nehmen, wenn er nicht angehalten werden will, das Quartier zu verlassen, auf das gezahlte Miethgeld Verzicht zu thun und durch die Polizei in die Herberge einlogirt zu werden; noch darf ein hiesiger Einwohner einem fremden angereisten Ebräer, ohne Genehmigung der Polizei-Verwaltung, bei sich Quartier geben, wenn er nicht einer Strafe von 100 Rubel Banko-Assign. für jeden Kontraventionsfall unterzogen seyn will. Für die angereisten Kaufleute, Strusen-Inhaber und Künstler, kann hierin, bei ihrer Ankunft zur Nachtzeit, eine Ausnahme unter der Beschränkung stattfinden, daß die Meldung wegen des eingenommenen Quartiers, gleich am andern Morgen bei der Polizei zu machen ist, welche sodann die Bestimmung zu treffen hat, ob der angereiste Ebräer in dem freien Quartier bleiben darf oder in der Judenherberge wohnen soll.

§. 42. Zur Aufnahme der angereisten Ebräer sollen Juden-Herbergen Herbergen. stattfinden.
  a. In der Stadt eine Herberge für angereiste Kaufleute.
  b. In der Moskauschen Vorstadt zwei Herbergen.
  c. In der Ueberdünschen Vorstadt zwei Herbergen.

§. 43. Die Judenherbergen sind mit Taxen für Quartier, Speisen, Getränke, Stallraum, Pferdefutter etc. zu versehen.

§. 44. Außer der vorbestimmten Zahl der Judenherbergen darf keine neue, ohne dazu, auf Vorstellung der Polizeiverwaltung, von dem Civil-Oberbefehlshaber ertheilte Bewilligung, etablirt werden.

§. 45. Zur Benutzung für die fremden angereiseten Ebräer sollen Garküchen. Garküchen statt finden, und zwar:
  a. in der Stadt Eine, für die strenge Sekte;
  b. in der Moskauschen Vorstadt Eine;
  c. in der Ueberdünschen Vorstadt Eine.

§. 46. Die Garküchen sind mit Taxen zu versehen.

§. 47. Außer der bestimmten Zahl Garküchen dürfen keine neue, ohne dazu, auf Vorstellung der Polizeiverwaltung, von dem CivilOberbefehlshaber ertheilte Bewilligung, etablirt werden.

Anmerkung. Weder mit einer Herberge, noch mit einer Garküche, darf eine Schenknahrung verbunden seyn.

Herbergs- §. 48. Die Wirthe der Judenherbergen haben in Rücksicht der beì
Wirthe. ihnen einkehrenden Fremden, Folgendes wahrzunehmen, als nämlich:

a. Jeden ankommenden Ebräer sofort bei der Polizei zu melden. Wenn die Ankunft zur späten Tageszeit geschieht, so muß die Meldung zeitig am andern Morgen erfolgen.

b. Jeden angekommenen Ebräer zur persönlichen Meldung bei der Polizei anzuweisen.

c. Die ankommenden Ebräer nur dann aufzunehmen, wenn sie mit Gouverneurs- oder PlacatPässen versehen sind, und diejenigen, die keine Pässe haben, sofort anzuhalten und bei der Siège zu sistiren.

d. Den ankommenden Ebräern die Pässe abzunehmen, und diese bei der Meldung in der Polizei abzuliefern.

e. Besondere Meldungsbücher, nach der von der Polizeiverwaltung ertheilten Vorschrift, zu führen.

Anmerkung. Mit Gutsbescheinigungen können diejenigen Ebräer aufgenommen werden, die die von den Gütern eingesandten Landprodukte begleiten.

§. 49. Wenn die Wirthe der Judenherbergen die Verschuldung auf sich bringen, ohne Paß oder mit abgelaufenen Pässen ankommende Ebräer aufzunehmen, oder die Meldung der angekommenen, mit Pässen versehenen, Ebräer 24 Stunden zu verabsäumen, so sind sie das erstemal in eine Strafe von 25 Rubeln, das zweitemal in eine Strafe von 50 Rubeln zu verurtheilen, und das drittemal mit Verlust des Rechts, eine Herberge zu halten, zu bestrafen.

§. 50. Von jedem Wirth einer Judenherberge ist über die, wegen Meldung der angereiseten Ebräer auferlegte Verpflichtung, ein Reversale abzunehmen, worin zugleich die vorbemerkten Strafbestimmungen für die verschuldete Contravention enthalten seyn müssen. Ueber diejenigen aber, welche auf einer Contravention betroffen und deshalb bestraft worden sind, ist ein besonderes Verzeichniß zu führen, und wegen derjenigen, die bereits zweimal wegen solcher Contraventionen bestraft worden sind, ist der GouvernementsRegierung zu berichten.

Obliegen- §. 51. In Betreff der hier anwesenden, fremden Ebräer hat die Polizei-
heiten der verwaltung Folgendes wahrzunehmen, als nämlich:
PolizeiVer-
waltung in a. Die vorgezeigten Pässe und Legitimationen zu prüfen.
Rücksicht
der angerei- b. Wenn die Pässe und Legitimationen nicht vorschriftmäßig be-
sten Ebräer. funden werden, nach Beschaffenheit der Umstände, die Inhaber sofort wegzuweisen, oder selbige bei einem Bericht, der Gouvern.-Regierung zum weitern Verfahren vorzustellen.

c. Diejenigen, deren Pässe und Legitimationen richtig befunden worden, nach den oben angeführten Bestimmungen, mit Aufenthaltsscheinen zu versehen.

A n m e r k u n g. Diese Aufenthaltsscheine müssen von einem Gliede der Polizeiverwaltung unterzeichnet seyn, und kann — zur Minderung der Beschwerde für die Glieder der Behörde — die Ordnung stattfinden: dass für die, ausser der Sessionszeit sich meldenden Ebräer, die competente Siège einen Verbleibschein bis zur nächsten Session der Polizei ausfertige, für welchen jedoch unter keiner Bedingung etwas zu erheben ist.

d. Die als Kaufleute, sowie die als Eigenthümer oder Begleiter der Strusen und Flösser, oder der auf selbigen herabgebrachten Waaren, sich meldenden Ebräer, so wie auch alle Prikaschtschiken und Bevollmächtigte der ebräischen Kaufleute, zur nähern Legitimation und Bestimmung des denselben zu vergönnenden Aufenthalts, an das Wettgericht zu weisen: und ist dies in dem, bei der Meldung, ertheilten Aufenthaltsscheine zu bemerken.

e. Die als Künstler oder Fabrikanten oder Handwerker von besonderer Geschicklichkeit sich Meldenden, zur nähern Legitimation und Bestimmung des Aufenthaltes, an das Kämmereigericht zu weisen, und ist dies in dem, bei der Meldung, ertheilten Aufenthaltsschein zu bemerken.

f. Die sich als mit der Proviant- oder Kommissariats-Kommission oder mit dem FeldKriegsHospital in Geschäften stehend, melden, zur nähern Legitimation und Bestimmung des Aufenthalts an die hier genannten Kollegien zu weisen, und ist dies in dem, bei der Meldung ertheilten Aufenthaltsscheine zu bemerken.

g. Die wegen Betreibung ihrer Rechtssachen sich melden, an die competente Gerichtsbehörde zu weisen, und ist dies in dem, bei der Meldung, ertheilten Aufenthaltsscheine zu bemerken.

A n m e r k u n g. Die von der Polizei ertheilten Aufenthaltsscheine bei der ersten Meldung, und nach geschehener Legitimation durch die verschiedenen Behörden, zu einem bestimmten Aufenthalt, müssen nach den obigen Bestimmungen abgefasst seyn.

h. Darauf Aufsicht zu halten, daß die angereiseten Ebräer keine andern Geschäfte betreiben, als für welche selbige sich legitimirt haben.

i. Ueber alle diejenigen fremden Ebräer, die sich länger als drei Monate aufhalten, besondere Verzeichnisse zu führen.

k. Ueber alle diejenigen Ebräer, die nicht in den Judenherbergen wohnen, Verzeichnisse zu führen.

l. Diejenigen, die sich nicht melden, so wie die HerbergsWirthe und freien Vermiether, die die Meldung unterlassen, zum Besten der Polizeikasse zu bestrafen.

m. Diejenigen, welche die geschehene Wegweisung bei der ersten Meldung, oder nach abgelaufener Frist des verstatteten Aufenthalts, nicht befolgen, mit Geld zum Besten der Polizeikasse, oder körperlicher Züchtigung, oder mit Transport über die Polizei-Gränze, zu bestrafen.

n. Diejenigen Ebräer, welche auf ein unbefugtes Gewerbe betroffen werden, sie mögen zu den tolerirten oder angereiseten Ebräern gehören, der competenten Behörde zur Bestrafung zu überliefern.

o. Die Polizeiverwaltung ist berechtigt, wenn die für einen bestimmten Aufenthalt legitimirten Ebräer entweder nach beendigtem Geschäfte keinen weitern Grund zum fernern Aufenthalt haben, oder wenn sonst erhebliche Gründe ihre Entfernung fordern, darüber der GouvernementsRegierung zu unterlegen.

p. Die Polizeiverwaltung ist berechtigt, wider diejenigen Contravenienten, die nicht, bestehenden Verordnungen nach, der GouvernementsRegierung oder den Gerichtsbehörden zum weitern Verfahren zu übergeben sind, folgende Strafen zu verhängen:

An Geldstrafen bis zu der Summe von 25 Rbl., so fern nicht durch diese Verordnung schon eine höhere Strafe für eine benannte Contravention bestimmt worden ist;

Körperliche Züchtigung mit 50 Stockschlägen;

Transport über die PolizeiGränze.

q. Die von den angereiseten Ebräern beigebrachten Pässe sind bei der PolizeiVerwaltung zu bewahren, und nur dann erst, wenn selbige sich von hier wegbegeben, auszuliefern.

r. Die ertheilten Verbleibscheine (§§. 10. 26. 27. 28. 29. 31 bis 38) sind den Inhabern, nach abgelaufenen Terminen, unumgänglich wieder abzunehmen und sodann zu vernichten.

§. 52. Wenn die angereiseten Ebräer über die von der Polizeiverwaltung, dem Wettgerichte oder dem Kämmereigerichte versagte Verlängerung der Frist zum Aufenthalt hieselbst, oder über untersagte Betreibung eines Gewerbes, Beschwerde führen zu dürfen glauben sollten, so haben selbige solche bei der Livländischen GouvernementsRegierung vorzubringen.

* **Anmerkung.** Wegen der für die ertheilten AufenthaltsBescheinigungen zu der Kanzlei zu erhebenden Gebühren ist nach der darüber verordneten Taxe zu verfahren.

Verordnungen

in Betreff der Ebräer, sofern es deren Aufenthalt in den Kreisstädten und auf dem Lande im Livländischen Gouvernement betrifft.

§. 53. Da das Livländische Gouvernement, Allerhöchsten Verordnungen zufolge, zu denjenigen gehört, in welchen den Ebräern der bleibende Aufenthalt nicht gestattet ist, so finden alle vorstehenden, den Aufenthalt der fremden Ebräer verbietenden, oder gewissen Beschränkungen unterwerfenden, Bestimmungen, auch volle Anwendung für das Land und die Kreis- und Landstädte.

§. 54. Da die den Rigischen Schutzjuden und den Schlockschen Ebräern zu Theil gewordene Vergünstigung zu einem bleibenden Aufenthalte in Riga und dem Gerichtsflecken Schlock, sich auch nur auf diese Orte beschränkt, so sind selbige, in Beziehung auf das Land und die Kreis- und Landstädte des Livl. Gouvernements, nur als fremde Ebräer anzusehen und zu behandeln, mit der einzigen Ausnahme der Vergönnung zum Handeln auf den Jahrmärkten in den Kreisstädten.

§. 55. In den Kreis- und Landstädten darf daher den Ebräern durchaus weder Handel, noch die Ausübung irgend eines Gewerbes, gestattet werden.

Mit den Paßlosen ist streng nach den deshalb bestehenden Verordnungen zu verfahren.

Den mit gehöriger Legitimation Versehenen ist für die Wahrnehmung ihrer, an einem Ort zu betreibenden, zulässigen Geschäfte der Aufenthalt, mit Abnahme ihrer Pässe und dagegen ertheilter Bescheinigung, zu bestimmen, und sind sie nach der abgelaufenen Frist sofort zu entfernen.

§. 56. Auf dem Lande dürfen die Ebräer weder als Handwerker geduldet, noch auch zu irgend einem Dienst, als z. B. als Viehpächter oder Branntweinbrenner, aufgenommen werden.

Da die Ebräer sich nur für die Städte zu irgend einem zulässigen Geschäft legitimiren können, und daher für das Land nur als Durchreisende zu betrachten sind; so sind auch alle diejenigen Ebräer, die abwärts von den Landstraßen und großen, von einer Stadt zur andern führenden, Kommunikations-Wegen betroffen werden, als Uebertreter der gesetzlichen Verordnungen anzuhalten, und an die nächsten Ordnungsgerichte zum weitern Verfahren einzuliefern.

Anmerkung. Nach dieser Vorschrift ist auch gegen die, in dem PatrimonialBezirk der Stadt Riga betroffenen Ebräer zu verfahren.

§. 57. Die Landfahrer und Hausirer aber sind überall, wo sie angetroffen werden, anzuhalten, und an die GouvernementsRegierung zum weitern Verfahren einzuliefern.

Kriegs-Gouverneur von Riga und Civil-Oberbefehlshaber in den
Ostsee-Provinzen,

Marquis Paulucci.

(L. S.)   J. Dü Hamel,
                          Civil-Gouverneur.

Graf Koskull,   W. v. Bluhmen,   A. v. Pistohlkors,
Regierungs-Rath.   Regierungs-Rath.   Regierungs-Rath.

                    J. von Rogge,
                    Regierungsassessor.

                                          Secretaire Hehn.

F o r m u l a r.

Da der Ebräer N. N. mit Bewilligung der Polizei-Verwaltung einen dreimonatlichen Aufenthalt in Riga gehabt, aber um Verlängerung seines Aufenthalts hieselbst, nachsuchen zu müssen angezeigt, und, daß seine Verhältnisse solches erfordern, durch eine Bescheinigung des Gerichts nachgewiesen hat; so wird derselbe, nebst der vorgedachten Bescheinigung, hiedurch der Livländischen Gouvernements-Regierung von der Rigaschen Polizei-Verwaltung zur fernern Verfügung vorgestellt.

Riga, am

(Unterschrift des Polizei-Rathsherrn.)
(Unterschrift des Sekretairen.)

Vorbezeichneter Ebräer N. N. hat die Nothwendigkeit zu seinem fernern Aufenthalte in Riga nachgewiesen, und wird demselben daher von der Livländischen Gouvernements-Regierung bewilligt, sich vom heutigen Tage ab, annoch bis   hieselbst aufzuhalten.
Riga-Schloß, am

(Unterschrift des Regierungsraths.)
(Unterschrift des Expedienten.)
In fidem: Sekr. Hehn.

Ist von Hof zu Hof um-
herzusenden und vom letzten
Gute dem Kirchspielsprediger
zuzustellen.

17.

Patent der livländischen Gouvernementsregierung vom 16. Februar 1842 Nr. 16, wodurch das am 17. Dezember 1841 Allerhöchst bestätigte Reichsrathsgutachten publizirt wird, das den Juden, die bis jetzt einen festen Aufenthalt in Riga gehabt haben, gestattet, sich zu Riga anschreiben zu lassen und dort wohnen zu bleiben. (S. 98.)

Nach dem gedruckten Patent. Das russische Original ist abgedruckt in der Полное Собрание Законовъ XVI отд. II № 15126.

B e f e h l   [Nr. 16.]
Seiner Kaiserlichen Majestät,
des Selbstherrschers aller Reussen etc. etc. etc.

aus der Livländischen Gouvernements-Regierung,
zur allgemeinen Wissenschaft und Nachachtung.

Das von Einem Dirigirenden Senate mittels Ukases vom 12. Januar 1842, Nr. 1361, an Se. Excellenz den Herrn Generalgouverneur von Liv-, Ehst- und Kurland etc., Baron von der Pahlen, gesandte Allerhöchst bestätigte Reichsraths-Gutachten vom 17. December 1841, — hinsichtlich der Standesrechte der in Riga domicilirenden Hebräer, — wird von der Livländischen Gouvernements-Regierung in dem darüber angefertigten deutschen Translate desmittelst zur allgemeinen Wissenschaft und Nachachtung bekannt gemacht.

Riga-Schloß, den 16. Februar 1842.

(L. S.)   George v. Foelkersahm,
                       Civil-Gouverneur.

A. v. Richter,   G. Tiesenhausen,   Klein,
Regierungs-Rath.   Regierungs-Rath.   Regierungs-Rath.

Translat.

Vom Rigaschen Kriegs- und Liv-, Ehst- und Kurländischen
Generalgouverneur
an die Livländische Gouvernements-Regierung.

Predloschenie.

Indem ich hiebei den Ukas Eines Dirigirenden Senats vom 12. Januar c.,
sub No. 1361, übersende, enthaltend das am 17. December vorigen Jahres
Allerhöchst bestätigte Reichsraths-Gutachten über die Standesrechte der
in Riga domicilirenden Hebräer, — trage ich bei dieser Regierung darauf
an, zur Erfüllung dieses Allerhöchst bestätigten Reichsraths-Gutachtens
gehörige Anordnung zu treffen und mich davon zu benachrichtigen.

Riga, den 22. Januar 1842.

Generallieutenant, Baron Pahlen.

Translat.

Befehl

Seiner Kaiserlichen Majestät,
des Selbstherrschers aller Reussen,

aus dem Dirigirenden Senat
an den Herrn Rigaschen Kriegs-, Liv-, Ehst- und Kurländischen
Generalgouverneur.

Auf Befehl Seiner Kaiserlichen Majestät ließ Ein Dirigirender Senat
sich vortragen den Antrag des Herrn Geheimraths, Justizministers, Staats-
secretairs und Ritters, Grafen Victor Nikititsch Panin, bei welchem derselbe bei Einem Dirigirenden Senat die ihm von dem Staatssecretair
Bludow mitgetheilte Abschrift von dem am 17. December vorigen Jahres
Allerhöchst bestätigten Gutachten des Reichsraths, über die Standesrechte
der in Riga domicilirenden Hebräer, folgenden Inhalts in Antrag bringt:
Nachdem der Reichsrath im Departement der Gesetze und in der allgemeinen Versammlung die von dem Oberdirigirenden der II. Abtheilung der
Höchsteigenen Canzlei Seiner Kaiserlichen Majestät eingebrachte Sache hinsichtlich der bei Durchsicht des Codex der örtlichen Gesetze der Ostsee-
Gouvernements entstandenen, vorläufig im Hebräer-Comité beprüften Frage
über die Standesrechte der in Riga domicilirenden Hebräer, durchgesehen,
hat derselbe mittelst Gutachtens festgesetzt: 1) den Hebräern, welche wirklich
bis jetzt einen festen Aufenthalt in Riga gehabt haben, zu gestatten, sich zu
dieser Stadt anschreiben zu lassen und daselbst wohnen zu bleiben, ohne
jedoch weder das Bürgerrecht, noch das Recht zum Erwerb unbeweglichen
Eigenthums genießen zu dürfen; 2) fortan gänzlich zu verbieten, daß die
Hebräer weder aus andern Gouvernements, noch aus dem Flecken Schlock
nach Riga übergehen, um daselbst zu wohnen; 3) die kraft dieser Verordnung
in Riga zu lassenden Hebräer zu verpflichten, deutsche Kleider zu tragen;
4) die Feststellung der Rechte der Hebräer hinsichtlich der Betreibung des
Handels in Riga, in die definitive Entscheidung der allgemeinen Frage
über das Handelswesen in Riga mit einzuschließen. Auf dem Original
haben Seine Kaiserliche Majestät Höchsteigenhändig geschrieben: „Dem
sey also.“ St. Petersburg, den 17. December 1841.

Nr. 264.

Nr. 1361.

Befohlen: Wegen Vollziehung dieses von Sr. Kaiserlichen Majestät Allerhöchst bestätigten Reichsraths-Gutachtens Ihnen, Herr Kriegsgouverneur von Riga, Generalgouverneur von Liv-, Ehst- und Kurland, anheim zu stellen, die erforderliche Anordnung zu treffen. Worüber an Sie ein Ukas zu senden ist, mittelst solcher auch die Herren Minister der Finanzen und des Innern in Kenntniß zu setzen und in den Senatszeitungen ein Abdruck zu veranstalten.

Den 12. Januar 1842.

(Unterschrift des Senats.)

Zur Erfüllung.

In fidem: Secretairs-Gehilfe. K. Pawlowsky.

In fidem versionis: Translateur E. Paul.

18.

Namentliches Verzeichniss derjenigen 517 Schlockschen Juden, die 1842 auf Grund des Allerhöchst bestätigten Reichsrathsgutachtens vom 17. Dezember 1841 zur Stadt Riga umgeschrieben werden sollten. (S. 99.)

Archiv der Rigischen Steuerverwaltung, Akte des Rigischen Raths Nr. 9, Beilage zum Befehl des livländischen Kameralhofs an den Rigischen Rath vom 9. Oktober 1842 Nr. 1729.

Namentliches Verzeichniß

derjenigen Schlockschen Ebräer, welche in Gemäßheit des 1ten Punktes des mittelst Ukas Eines Dirigirenden Senates vom 12ten Januar 1842 publicirten, am 17ten December Allerhöchst bestätigten Gutachten des Reichsrathes zur Stadt Riga als Ebräer umzuschreiben sind.

Familien-Nummer nach der Liste über die 8te Revision (1834).	Namentliches Verzeichniß der zu den Gilden verzeichneten Ebräer.	Männliche	Weibliche
	IIte Gilde.		
3.	Ezechiel Berkowitz	7	5
	IIIte Gilde.		
2.	Nathan Abraham Scheinesson	7	6
35.	Felwus Iljisch	3	2
29.	Elias genannt Eduard Nachmann	1	1
		18	14
	Namentliches Verzeichniß der zum Kopfsteueroklade verzeichneten Ebräer.		
1.	Martin Hirschfeldt	5	3
5.	SchutzEbräer Esaias Wulff	1	5
6.	Moses Danziger	3	2
7.	Israel Lewin Schlocker	3	7
8.	Zallel Jacob Fannenstiel	2	5
	Seitenbetrag	14	22

— 159 —

	Uebertrag	14	22
9.	Dessen 1ter Sohn Noah	2	3
10.	Dessen 2ter Sohn David Behr	1	1
11.	SchutzEbräer Moses Salamon	1	3
12.	Des im Jahre 1825 verstorbenen Isaak Salomon Wittwe Wilhelmine geborne Borkum	—·	1
13.	Leon Hirschfeldt	2	2
14.	Robert Hirschfeldt	2	2
15.	Hill Hirschfeldt	2	1
16.	George Hirschfeldt	1	1
18.	Markus Adler	2	3
19.	Hirsch Wulf Hamburger	4	2
20.	SchutzEbräer Nechemja Peysack Berkowitz	1	1
21. 22.	SchutzEbräer Joseph Nechemja Berkowitz	5	3
23.	SchutzEbräer Peysak Markus Berkowitz	4	2
25.	Kallmann Nechemja Berkowitz	2	2
26.	Isaak Eduard Liewen	2	3
27.	Salomon Abraham Behr	1	2
28.	Benjamin Nachmann	6	7
30.	Moses Tietzner	4	2
31.	Eduard Fromhold	1	2
32.	Benedict Samuel Fürst	1	—
33.	SchutzEbräer Moses Wulff	3	1
34.	Nathan Elias Iljisch	1	1
36.	Gedalje Iljisch	2	3
38.	Des im Jahre 1820 verstorbenen Samarius Davidsohn Wittwe Regina geborne Peysak	—	1
39.	Hirsch Gordon	2	2
40.	Manna David Gordon	4	4
41.	Israel Samuel Cohn	1	1
42.	Dessen Sohn Salomon	2	3
43.	Dessen Söhne Laser und Jacob	2	1
44.	Jacob mit dem Familien Namen Albrecht	2	4
45.	Moritz Schoenfeldt	1	1
46.	Hosias Joseph Schirren	3	4
47.	SchutzEbräer Stiefbruder Hirsch Wulff	3	2
49.	Scholum Schey Derschawitz	2	1
50.	Dessen Sohn Hosias Salomon	4	2
51.	Joseph Mendelsohn	1	2
52.	Dessen Söhne Peysak Joseph, Mendel und Moses	4	6
53.	Moses Loewenstein	2	2
54.	David Loewenstein	3	4
54. (sic)	Isaak Keilmann	3	2
55.	SchutzEbräer Isaak Salomon Peysak	2	5
56.	Joseph Hirsch Jacobsohn	3	5
57.	Dessen Bruder Benjamin Hirsch	4	1
	Seitenbetrag	112	123

		Uebertrag	112	123
58.	Feiwusch Chatzel Blumberg		2	2
59.	Peysak Wolpart		2	3
60.	Des im Jahre 1831 verstorbenen Moses Behr Wittwe Anna		—	4
61.	Hirsch Moses Jaches		2	3
62.	Des verstorbenen Michael Judel Wulf Wittwe Ewa geborne Wulf		—	2
63.	Wulf Ruben Cohn		3	4
64.	SchutzEbräer Samuel Isaak Cohn		1	—
65.	Meyer Feiwusch		1	—
66.	Itzik Jacob Hirsch Liewen		1	1
67.	Noah Abraham Berkowitz.		5	5
68.	Abraham Laser Friedmann		1	1
69.	Dessen Sohn Salomon Abraham		2	6
70. 71.	Nathanael Hirsch Schlossberg und Söhne . . .		6	4
72.	Wulf Joseph Hirschfeldt		2	1
73—75.	Wulf Schmul Wulfsohn und Söhne		8	5
76.	Chonne Leib Lissner		2	5
77.	Peysak Berenstam		2	3
78.	SchutzEbräer Jacob Lewin Chlaune		2	2
80.	Hirsch Lewin Chlaune		1	1
81.	Ezechiel Judel Lewy		1	—
82.	Dessen Sohn Judel Ezechiel Lewy		7	4
83.	Behr Wulf Cohn		2	4
84.	Esra Lewin Saarmann		2	1
86.	Markus Abraham Schawlow		3	4
87.	Markus Itzig Michelsohn		2	3
88.	Aron Behr Blankenstein		2	3
89.	Behr Raphael		2	5
90.	Götschel Elias Rubenstein		4	2
91.	Julius Schlocker		5	5
93. 94.	Markus Lewin Springenfeldt und Söhne . . .		7	3
96.	Abraham Markus Merklin		2	1
97.	Abraham Isaak Jankewitz		3	—
98.	Lewin Schmul Grünholz		1	2
99.	Samuel Judelsohn		1	1
100. 101.	SchutzEbräer Hirsch Lewin Liewen und Söhne		5	5
102.	Wittwe Rahel Efraim geborne Itzig		—	1
103.	Wulf Baehr		1	2
104.	Moses Kallmann Berkowitz		3	3
105.	Wittwe Blümchen Lissner geborne Jonas . . .		—	3
106.	Behr Schwartz		1	1
107.	Abraham Israel Abrahamson		3	1
108. 109.	Jacob Markus Goldbladt und Söhne		5	2
110.	Wittwe Carolina Abrahamsohn geborne Leewin		—	1
		Seitenbetrag	217	232

		Uebertrag	217	232
111.	Schmul Jacob Lewinsohn		5	1
112.	Julius Joseph Levy		5	5
113.	Aron Lissner		3	1
114.	Markus Keilmann		1	1
115.	Michael Ezechiel Bamberg		1	—
123.	Itzig Chatzel Edelsohn		3	2
124.	Moses Wulff		1	—
131.	Elias Joseph Jacobsohn		1	—
135.	David Salomon Pessels		1	1
136.	Wittwe Markus Moses geborne Saara Peysak Berkowitz		—	1
137.	Wilhelmine Edelberg geborne Hamburger . .		—	1
138.	Rahel Baredt geborne Esra Lewin Saarmann .		—	1
139.	Rebecca Moses geborne Hirsch Moses		—	1
			238	247

Im vorstehenden Verzeichnisse sind nicht alle Namen abgedruckt, sondern nur die Namen der Familienhäupter mit Hinzufügung der Gesammtzahl der unter einer Familiennummer aufgeführten Personen.